U0015678

這樣拜財神才有效

王品豐 著
WANG PIN LI

您常常四處求財拜財神嗎？
您知道哪位財神最能助您一臂之力、為您送財嗎？
求財固然要拜財神，但最基礎最關鍵的，是祭祖、拜地基主和土地公！

本書特別為了想讓財富源源不絕、長長久久的讀者們而撰寫，財富不只具象的金錢物質，還包括了心靈富足與家庭圓滿，內外皆富才是求神拜拜的精髓。
本書教您拜財神先從自家財神拜起，與神締結深厚感情，財基穩固，才能細水長流、內外皆富！

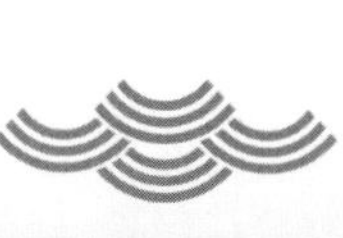

前言

在全世界的宗教偶像信仰中，對於財神的膜拜可能以道教信仰爲最，但若嚴謹來說，財神並不隸屬於道教「修眞養性」的範疇內，充其量只能說是屬於道教類的民俗信仰。

財神信仰的起源來自於華人世界或是漢文化中，人們樂於勤勞耕耘存穀防飢的民族特性，由此而衍生出道之不盡的財神名稱，受不同的地方民俗供奉膜拜。一般比較耳熟能詳的諸如：文財神、武財神、五路財神等等，而大部分的人對財神的緣由、出處也多能如數家珍，既然如此，又爲何要出版本書？只要依照各財神廟的指示膜拜，不就可以上達天聽感動神靈賜福賜財？

《這樣拜財神才有效》這本書，其實是我當初在撰寫「這樣拜才有效」系列書時，原本想一起併入的題材，爲什麼想將本書一起併入？實在是因爲眼見許多人忙碌一生，爲了生活四處奔忙，而辛苦所得卻往往因爲意外耗財事件發生而所剩無幾，甚至寅吃卯糧備受困擾。財是人們的生活糧食，維持著每一個人或每一個家庭開銷，甚至財可以成就一個人的欲望、理想、目標，但在每一個奮取的同時，也存在著正當性與否的問題，正當性的取財是透過自己的努力，在不禍及他人的情形下而得，若是可以這樣秉持著光明正大所得的錢財，必然可以獲得眾神庇佑。

若是錢財的取得是透過非法手段、戕害他人所得，不僅自己終將難逃因果追索，甚至也會波及當初助你得財的神祇。然而正當與否，每個人的標準不同，最終也是各自心證，基於此原因，最後才決定不將其羅列在「這樣拜才有效」系列中。

而今次再次動筆，是在經過一番細想之後，決定將我個人所認定的「財神」寫出，一方面教大家如何敬拜財神，一方面也請讀者務必了解本書所介紹的「財神」彼此間與你的關係，**神之所以神靈活現，取決於你和祂之間的互動，這包含你的心態是否全然的相信與崇敬，在態度和儀規上是否合乎情理。**

在我其它著作中，曾經寫過一個例子：有一天和幾個朋友到屏東「訪宮」（就是拜拜的意思），拜完主殿的神之後，我們就在廟裡隨便逛逛，逛到離主殿稍遠的一處偏殿時，有朋友驚呼：「這裡有武財神耶！」大家聞聲就聚攏在武財神面前，只見神桌燭光黯淡，桌面積塵頗深，朋友中有人起鬨說：「可不可以請財神賜元寶

給我們？」

當然，這請示的差事就落在我頭上，我先是默禱一番，不一會兒時間一位青衣老者赫然出現眼前，臉上露著爲難之色的說：「說來慚愧，我這兒香火少，雖然貴爲財神，但實在沒有餘資可以送給各位。」

我把這番話轉述給其他人聽，引來眾人一陣驚愕與訕笑，說：「當財神怎麼會沒錢？」當財神的確也會有沒錢的時候，這取決於祂是否香火鼎盛，按照我們的認知，財是由功德轉換而來，神靈助人有功就可以憑其功德提升神格，同樣的道理，神靈助人也是需要人對祂的信仰，先是以香上稟求助，再以紙錢答叩，神靈得到越多的紙錢香火，必然大增神威可以給予信徒有求必應的資助，若是功德累積不足，對人們的請託也只是心有餘而力不足。

眼前的財神即是如此，沒有太多的機會作功德，就好比是一家沒有業務的公司，即使名爲董事長，在需要資金時也只能徒呼負負。

於是當下就有人提議把帶來的紙錢全部燒給財神，大家紛紛把紙錢從行李箱內取出投入金爐內，熊熊烈火點燃起時，財神換上一身官服向我們作揖，我們也回禮祝祂香火鼎盛千秋萬世，神人互助的感懷油然升起。

這例子是在說明態度和儀規的重要性，做人的態度不能只是一昧的要求神必須幫助你，你總是要提供相對的條件，不要「強神所難」的認爲神必須無條件滿足你一切的要求，而對於能力有限的神，必須盡己所能的去幫祂提升神威，使得祂有充裕的能力未來可以幫助你，而幫助祂的方式則是誠心相待、在任何必要時刻給予紙錢香火，要知道所有事物的轉換都是「以物易物」而不是「無中生有」，簡單來說，求財神或其它神祇，只要所求是有形之物，就必須透過紙錢轉換，若是只求身心安頓，則靠念誦經文即可。

由於各地習俗不同，對財神的膜拜方式也不盡相同，因此在本書中，我以「財爲功德所換」爲基礎，避去對一般財神的拜法，而設定與個人息息相關的神靈作爲財神撰寫。

因此，本書所設定的財神分別爲：**家祖、地基主、土地公、引導神**。

至於大廟殿堂的財神，則設定爲核發財物的神祇，也就是說，先把與自己密切相關的財神供奉好了之後，再去財神廟稟告求財，由廟裡的財神核定你的功德多寡後，再給予賜財，能在心態、儀規上供奉好以上所說的家祖、地基主、土地公，對於祈求財源廣進絕對會有莫大的幫助，並且獲得實質的感應回饋。

爲什麼最初的財神必須是家祖、地基主、土地公？

家祖指的就是家裡的祖先，從祖先到你，乃至延續到你的下一代，都是血脈相承的流傳，姑且不論你是什麼宗教、家裡有沒有拜祖先，從人倫上來說，這個世上最願意無償幫助你的人是誰？你最願意無償幫助的人又是誰？最可靠的答案應該是你的父母最願意無償幫助你，而你最願意無償幫助你的子女。

在靈魂意識流恆久不滅的基礎下，逝去的祖先仍然在意識中留存著希望後輩子孫光宗耀祖的念頭，並希望竭盡所能的給予幫助，望子成龍、望女成鳳的家族觀念，放眼望去全世界，沒有一個家族不是希望這麼持續的，更何況是漢文化中根深蒂固的家族概念，關鍵只在於可滋養後輩子孫的祖德還有多少？

拜祖先一方面是慎終追遠，更深的層次是穿越時空與祖靈一起爲興旺家族努力。

中國漢文化上敬天神下奉地靈，因此日月星辰、山高水長皆爲神靈之所在，易經上說一物一太極，太極中有陰陽二道能量相互磨盪才有力量產生，按現代話來說，太極就是磁場、環境，任何環境中都有兩種能量在產生交互作用。

按這道理來說，一個房子即是一個太極，充斥著不知名的能量，姑且稱之爲陰，代表陽的人住進去之後，兩道氣流能量即開始運作，形成所謂的好壞氣場，對居住者產生不同的吉凶影響。

不知名的氣能又從何而來?有些可以解釋爲長久以來的地氣使然，或是長久以來一直未曾離去的靈氣，萬物有靈，不外就是滯留不去的各種生命體，將這些無名、無形的生命體能量總結歸納，尊稱爲「地基主」，膜拜地基主也就是透過人們的誠心取得陰陽調和，使之能在這房子內安居樂業。

我在上海時認識一對天生有陰陽眼的母女，打算搬來上海定居，連找數日房子之後，終於放棄尋找並打算返台，通靈媽媽說，她們每到一處住屋，不是看見斷手缺腳的阿飄哥，就是被渾身血淋淋的飄媽擋在門口不讓進去，這對號稱有陰陽眼的母女來說是很大的困擾，雖然好心建議她們拜地基主就可無恙，但最後因信仰問題徒然作罷。

而另一位從湖北搬來上海的朋友，在搬進新居後的連續三天晚上，都夢見一位民初裝扮的上海媽媽惡狠狠的瞪視著他，甚至拿著菜刀作勢要砍他，嚇得他幾天沒睡好。

後來我建議他燒點紙錢給這位上海媽媽，說也奇怪，此後就安穩入眠不再受干擾，有此奇妙的經歷後，他就開始每月固定燒化紙錢給地基主，一年來彼此相安無事，而他的工作也做得順利安穩。

有天他跑來跟我說，房東臨時要收回，要他在一個月後搬家，他問我，他要搬走了，是不是可以多準備一些紙錢，最後一次答謝地基主媽媽一年來的照顧，我點點頭讚許的說：「大部分的人都是問我，要搬走了，地基主還需要拜嗎？」受人點水之恩當泉湧以報，讓彼此的因緣圓滿的畫上句號，總是好過抽刀斷水過河折橋，拜神與人際交往是相同的道理，山水有相逢，彼此留下美好的善緣，日後總有相遇的一天。

於是，在倉促之下他搬到對面的大樓，安頓好之後，他又跑來說，他在舊家的最後一晚，地基主媽媽又來了，這次是和顏悅色的看著他，並且對他揮手後才消失。

讓他很詫異的是，原本他以爲只是一場水土不服的惡夢，雖然他從善如流的紙錢照燒，但從小所受的無神論教育，仍讓他懷疑鬼神的存在，而這次地基主媽媽的出現讓他大開眼界，徹底打翻他之前所受的教育觀念。

搬到新居後他依然繼續每月固定拜地基主，雖然不曾夢見過任何靈異的夢，但他一直深信蒙獲地基主保佑，使得他的收入不斷的水漲船高，有時他甚至開玩笑的說，可能是之前的地基主媽媽有來拜託新居的地基主照顧他。

地基主其實與我們沒有任何血緣關係，但因爲它是原本就在這房子內，遷入的我們，從另一個角度來說是闖入者，爲了取得未來能在這房子裡生活、工作順利，藉由對地基主的膜拜以獲得陰陽兩利，不管是從敬或畏鬼神的角度來看，似乎是人們在力求以和爲貴時的必然選擇。

土地公是所有神祇中與人性最爲親近的，祂總是和顏悅色不擺架子，因此人們總喜歡稱祂爲「土地公伯」，祂就像個任勞任怨的「里長伯」，盡量滿足人們所有的需求，即使未得回報也依然笑容滿面。

在我的另一本書《這樣拜土地公才有效》中，曾提到土地公的職司有很多分類，但是別忘了，土地公的正名爲「福德正神」，唯有「福德」兼備的人在死後才能被敕封爲「正」神，既然祂是正神，別看祂官小位卑，諸神看到祂時也要打躬作揖禮讓三分，即使上南天門面見玉皇大帝，玉帝也要命人搬椅賜坐！

本書中爲何要提及福德正神土地公？土地公又名「公道伯」，能夠不偏不倚的爲眾人的行功造德如實評定，同時，福德正神又身負運財的職能。

拜出經驗的人都知道，拜拜中最喜歡的就是「補財庫」，補財庫可分爲三部分：天庫、地庫、水庫，但補完財庫之後，最重要的就是「天地運財」，這個工作就必須由公正實在的福德正神擔任，因此，本書中的財神羅列土地公，除了祂具有這個職能之外，也是要讓大家體認：**有財是福，福的多寡卻取決於你或你的祖先有無功德兼備，有德可喜無德可追**。

西方人說，最好的開始就是現在，有福德可享者勿驕勿縱，福報總有享盡的一天，應該持續累積以求興旺家族；沒有福報的人也不要過於瞋怨，福報從未停止過，只是早已懈怠荒蕪，與其滿口遺憾不如奮起直追，在時間面前，人們追求的不應該是生死而是永世恆昌。

現代喜歡玩金句，就是用意簡言賅的字句表達深切的道理，讓人們便於記憶與引用，例如：「活著就是勝利，掙錢只是遊戲，健康才是目的，快樂才是真諦。」一語道盡了人們求財的欲望和警惕世人別因一味的盲目追求錢財，傷害了健康也失去了快樂，更失去了人生真實的意義。

已故國學大師南懷瑾曾說過：「未曾清貧難做人，不曾打擊老天真，自古英雄出煉獄，從來富貴入凡塵。」俗話也說：「富貴誰人不欲，福祿豈能強求。」

富貴福祿原則上是可求不可強的，求取富貴的首要條件是先求自己，看自己是否努力進取、不損人利己，再求家族祖庭是否祖上積德福祐子孫，兩者福報有限或已用罄，則再次反省自己是否努力進取、不損人利己，再求引導神增添自己及祖庭福報，人必須不斷的反省自己、調整自己的心性和行爲，才能爲未來的福報累積能量，這樣會比你一旦經濟條件下滑了，再去疲於奔波於各大財神廟請託神佛來的持久與省事，這是我開辦這一套拜拜求神方式十餘年來的經驗累積。

在這些年辦事經驗中，我區分出求財有效與無效的年齡區隔，四十歲以前的年輕人對於求神較爲投機，拜個一、二次有效就繼續來沒效就走人，這是緣於他們對自省能力的不足，不知道紮根紮底的重要性；四十歲以後的人，面對來時路心中總有一些前半生總結的自省能力，而面對未來悠悠之路和當下沉重的家庭負擔時，總是較會願意沉下心來一步一步的重新來過。

但也並非人人如此，也有剛起步的年輕人深明天地之理，了解一個人的成功必須透過周遭各種人事物巧妙的因緣集結，也有近耳順之年的人一樣的毛毛躁躁，讓他走不出無形的囹圄，歸因究底是他們一直沒有學習到安靜穩定自己的心性，要知道財運的積累必須你自己先有一份安靜坦然的心，財運這個氣場才能在你身邊發揮效應，研究風水陽宅的人都知道「財喜靜」，氣場的導引從來都是安安靜靜的，房子如此，你的心也是一樣的道理。

心情毛躁時一刻不得安寧，全身毛細孔賁張，氣場外洩猶如瓦斯外洩，此時好的財氣無論如何也灌不進你的體內形成好的循環，反而吸引了諸多不好的外在氣息流入體內，年輕人氣場飽滿無暇細分，中年人氣場適中反而有較多的耐性等待好的氣息累積。

曾有人說過，四十二歲以前的成功都不叫成功，四十二歲以後的成功才是眞正的成就，因爲經歷諸多風雨之後所得的收穫會懂得珍惜，也懂得回饋他人，運用彼此共贏的心智，獲得人生最後的財富安度晚年。

一個人富貴來臨前，往往必須經歷三道難關，這三道難關闖過去、熬過去，早晚可時來運轉，越早體會這個道理則越早獲得富貴人生。

一、志向未立的迷茫。

二、挫折上困苦的考驗。

三、順境之中的誘惑。

人生想要榮華富貴，並不是有錢就行了，才華撐不起野心，實力無法駕馭目標，有再多的錢財，只會給自己帶來禍患。**成功需要先立志，做事才不會迷茫，做事能吃苦，才不會放棄，做人有節制，才不會貪婪**。如果你能通過這三道的考驗，那就必然邁向成功，屆時要不要向神明求財，就看你自己的意志選擇。

目錄

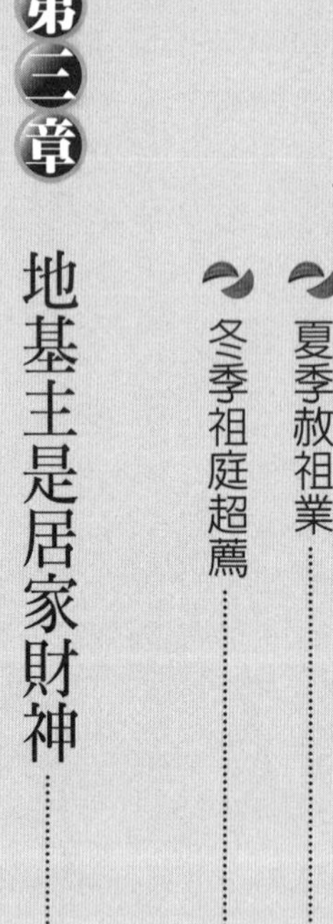

第三章

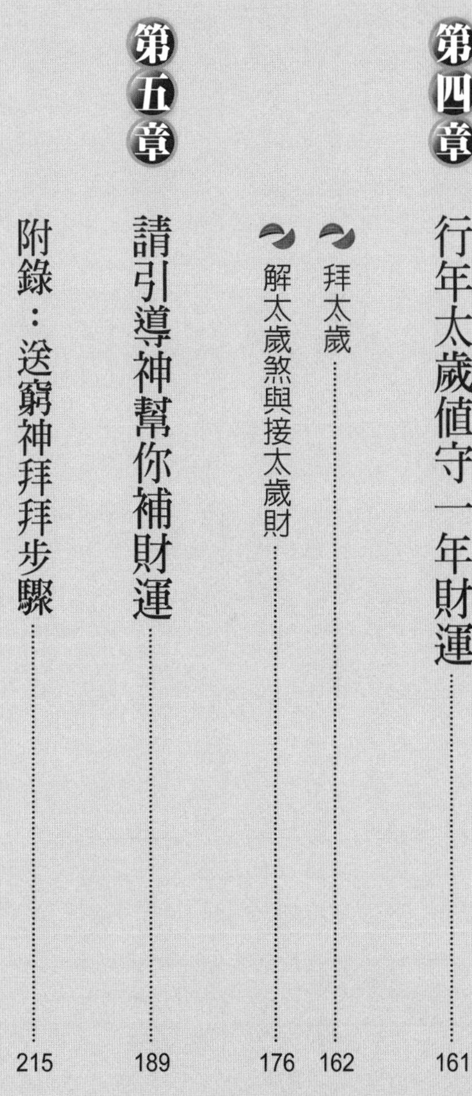

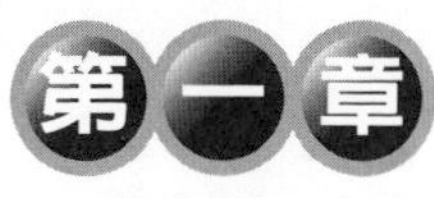

財運降臨要細察，**避免擦身而過不自覺**

- ❖ 赦祖業，接祖德，福報轉財富
- ❖ 最親近的財神——祖先、地基主、土地公、引導神

赦祖業，接祖德，福報轉財富

財運是個結果論，就像栽植果樹一樣，到了它的產期必然結果，但關鍵是結果時該如何讓它結實累累，最重要的原因在於土質、氣候、水分、施肥、除蟲，一棵先天不足後天失調的果樹，若能得利於前述的五個條件，也能夠於結果期獲得豐碩的成果。

譬如一個人若是想從貧窮中翻身富裕，而且不只是獲得一時的錢財，而是改變先前的羸弱基業，讓下一代的子孫也能在富裕的環境中獲得良好的教育、完整的人格，生生世世因你的奮起改變而重振家業，這才是祈求財運降臨的最大意義。

貧窮如同一株先天不足後天失調的果樹，不管你怎麼努力總是棋差一著入不敷出，這時你就該檢討前面所說的五個因素，但土質、氣候、水分不為你所控制，施肥、除蟲還能透過你的努力和自省做局部改變，但也無法全然的調整，老話說：三分天註定，七分靠打拚。這是指一般人的際遇，但不知有沒有人想過，如果把三分天註定改成四分、五分、六分天註定，那麼你的努力就可被調整為六分、五分、四分，調高的部分是提升你的健康、增加你的機會、增加可幫你的貴人、減少阻礙你的小人，減低的部分是減少錯誤的方向、減少錯誤的決定、減少人力、財力的浪費，這些都因為你徹底的改變了，使得你的人生徹底翻盤脫離貧窮。

但讓人疑惑的是土質、氣候、水分該如何改變？土質好比家族業力，你無法改變你因業力所受生的家庭，氣候如同個人業力，受個人善惡因業的影響，時而風調雨順時而大風大浪，水分汲取如同功德，不管前面的土質、氣溫如何變化，提供你可以活命的水分，時而順遂時而折騰的度過這一生，這三個因素就是「天註定」，即使透過你的努力也不見得能改變，但如果你放棄努力，則更沒有任何改變的可能，我常拿一句話勉勵自己：向上攀升十年功，向下沉淪三秒鐘。

改變需要很強的毅力和很執著的行動力，不畏艱難不懼流言蜚語，立定志向確認方向不畏苦不怕痛勇往直前，這樣所得到的財富才能厚實恆久。

「向下沉淪三秒鐘」，快的話有時不用三秒鐘便傾家蕩產耗盡所有，我曾見一位客户哭喪著臉來找我，他說在此之前他有三套房子，一套自住兩套投資租賃，銀行裡還有三百多萬人民幣的存款，卻在一夕之間因兒子投資失利、他的公司員工捲款、老婆因投資失利而罹患抑鬱症，全部家產頃刻間變得一無所有。

爲何所有的倒楣事都一起到來？雖然無法一一了解其中細節，但也可全部概括稱爲「業力現前」，那年他六十三歲人生遭逢巨變，前面一生的辛勞盡化烏有，爲何是六十三歲？若有機會再撰文另外說明。

六十三歲的老人若要想在此時捲土重來，想到時不我予的無力感，即使想要一鼓作氣也會手軟腳酸提不起勁，更何況已過花甲之年，體力、精力、人事背景、思想差距，都已是長江後浪推前浪的節奏，他實在想不出還有什麼辦法可以捲土重來。

我也想不出對一個已邁入暮年的老人能提供什麼協助，按照往例，找我幫忙的人一定要先擲筊請示神明，神明若是允筊相助，則按照祂的指示辦理。

那次請示竟然一筊過關，根據我的經驗，表示神明對於處理他的事充滿信心，雖然我內心充滿狐疑，但天威難測只能依旨辦事，但此時若是辦三赦或是補財庫，對他的年紀和迫切性似乎太緩不濟急，再三請示下，三官大帝出示從他的祖先辦理。

原來是他的祖先手中還握有一筆功德財可以給子孫，這是他的祖先隨他而來，在三官大帝的殿堂說的。

他的祖先說他平時爲人厚道，逢年過節禮敬祖庭，現在遭逢厄難，祖先們也很想出手幫助，其中有個祖先身擁一筆功德財可以助他一臂之力，但這位祖先目前無職在身，無法解財相助，知道他會來求神幫忙，因此隨之前來請求三官釋權義助。

三官在雙方同意之下，指示他先辦「赦祖業」一週之後再辦「接祖德」，接祖德就是本書中說的補財庫，只是個人財庫匱乏之餘，先用祖先的財補自己的庫，他聽完之後立刻同意按三官指示辦理，由於他住外地不在上海，所以便委託我幫他辦理，第一次辦理「赦祖業」完後，他沒有聯繫我，我心想大概效果不彰，內心頗爲不安，但又想一定要堅信三官的允諾，因爲在祂這裡這麼多年，祂從來都是言出必行，於是第二週又硬著頭皮續辦「接祖德」。

辦接祖德那天，請示紙錢夠不夠時，三官說我開的文疏不夠，一般我都是開紅文二十三張、黑文二十五張，那天請示下來，還必須各增一倍的量，幸好我這人的個性是奉命行事不問因由，又按照三官的指示補足了不足的紅黑文，才把「接祖德」一事辦理妥當。

隔天一大早還在睡夢中，他的電話就來了，開口就問我昨天有沒有幫他辦接祖德，我的腦袋還沒完全清醒，被他無厘頭的這麼一問，以爲他發生了什麼嚴重大事，忐忑的回他都已經辦好了，他在電話那頭停頓了數秒，很小聲的說了句：「難怪……」

我問他發生什麼事了，他說昨天有人打電話給他，說他三十年前投資的一家公司，年年有盈利要發給他，但一直找不到他只好年年累積，直到昨天公司的會計不知從哪得知他的消息，打電話確認是他本人之後，說這幾年累積下來有五十萬美元的紅利要匯給他，他初聽到消息一時想不起來三十年前他投資了什麼公司，直覺就以爲這是通詐騙電話，沒想到今早公司財務跟他說錢已匯入公司帳户，嚇得他直說不可思議。

而在他打給我之前，一位客户表示要先給他一筆工程預付款，也已經匯入公司帳户，就等他一會兒到廣州跟客户簽約，他難掩興奮的在電話中完全不顧及這是公司機密的疾聲說：「王老師，是一百萬人民幣啊！」

他說的興高采烈興奮不已，我當然也很爲他高興，但更興奮的是三官大帝再次顯示他的神威，讓我不容懷疑他的靈驗。

這才是眞正的補財庫，爲何這樣說？前不久在臉書上看到有網友發文，招攬網友一起找某位法師補財庫，這位網友以自己爲例，說他補完之後，立刻中了發票四千元，我看完後淡淡一笑，眞不曉得是這位網友英雄氣短還是台灣果眞經濟不景氣時局差，四千元竟然値得大書特書。深一層的意義來說，君子愛財取之有道，神明絕不會平白無故的送錢給你，更何況是連塞牙縫都不夠的數額，祂一定會清楚明白的讓你感受到錢的來源，以及給你機會改變你的危急狀況，不管你去求什麼神補財庫，能夠給你財的一定來自下列幾個原由：

1 自身的功德福報。

2 祖庭的功德福報。

3 引導神的功德福報。

4 居住地的功德引力。

有這四種福報加臨，當四者齊聚時，必然身心健康、家庭和睦、人際協調、事業興旺、財運亨通。套一句大陸人常說的，想要擁有這四種福報，必定要對人事物時時保持三觀正確，三觀指的是人生觀、價值觀、世界觀，這三觀要想確實無謬，則需從中華民族的特有文化「孝道」出發，我常與客戶們分享一個觀念，想要在人世間圓滿此生的，不是虔心念經禮佛打坐，而是「百善孝爲先，孝能感動天」。

學習八字時有一個比喻，把出生年比喻爲根，代表祖德、前世功德，把出生月比喻爲苗，代表父母的功德、教育，把出生日比喻爲花，代表自己此生的榮辱興衰，把出生時辰比喻爲果，代表自己一生所得以及下一代的反哺與否。

人生最重要的家庭、健康、事業、財富都表現在年月日時的生剋制化當中，這就是一個人的格局，也是觀看個人因果輪迴最直接的表達，人人都把財富看作人生第一要務，算命也好求神也好，問的總是我何時會發財？

發財只是開花結果中的必然過程，但數千元也好數千萬也好，如果你的格局是數千元就別想著數千萬元的事情，但格局可不可以擴大？我的經驗是絕對可以的，但前提是你必須從「根」和「苗」入手，才能改變你的「果」。

話說來簡單但實行起來並不容易，最大的困難是用錯誤的方法盲目前行，以及在對的方向上無法堅持力行。

我的客戶中有一位安徽年輕人，原本任職國際大品牌飯店高管，因爲想自行創業，和幾個朋友投資經營一間百坪中餐廳，第一年受到景氣好的影響，餐廳業績長紅投資人個個欣喜若狂，但第二年受到網紅店四處崛起的緣故，業績陡降一半以上，但憑著前一年的盈餘還可以勉力支撐，到了第三年歲末時，他經人介紹找到了我，我勸他若要改善窘困需從「拜神、拜祖先、拜地基主」入手，經過三官大帝的同意，立即著手辦理。

大陸的年輕人大多是無神論者，能持之以恆拜三個月以上的人寥寥可數，但令我訝異的是他竟然每週來，每次拜完他就匆匆趕回店裡，他話不多我們也沒多聊，但我心裡一直存疑建議他拜拜到底對他有沒有幫助？

拜了兩個月後，他跟我說：「我現在每個月要貼十多萬元（台幣約五十萬），股東們也不想再投資，所以我打算把店頂掉。」

我心裡一陣失落，隱隱地認定他拜拜無效，心裡很愧疚讓他花了那麼多紙錢費用，但他又繼續說：「我從不知道拜拜的效果這麼好，剛拜的第一週生意沒啥起色，但第八天我明顯的感覺客流量增多，但是因爲之前連月虧損，股東們怕了，就算我有信心繼續經營，他們也不願意再拿錢出來，所以我同意了他們的提案。我的店佔地很大，現在這世道敢拿大筆資金出來幹的人很少，但你知道神奇在哪？一週就有人說要頂這店，頂讓金也立刻拿出手，沒有過多的議價，真讓我不知該說啥好。」

這也算不幸中的大幸，正在思索拿什麼話安慰他時，他又興奮的開口說：「還有一件無縫接軌的事也讓我覺得特別湊巧，頂店談妥的同一天，我以前的老闆突然來找我，要我幫他開一家店，投資金額很大，我說我沒那麼多錢，但我前老闆說他要獨資，除了派我工資外還給我乾股，另一個朋友還聯繫我，他看過我餐廳的菜色，說他想和我合作成立中央空廚專做網購，我只要負責菜色和製作管控就行了，其它的物流配送由他全權處理，王老師，您說這是不是神蹟？也太快了吧！」

我轉頭默視著案桌上的三尊神像，眼裡充滿著對他們的敬畏及說不出口的諸多感謝。

從業十多年來，無數次的經驗讓我得出一個結論：沒有不靈驗的神尊，只有信心不足的求者。

我寫書教人如何請神襄助，不是爲了賺紙錢費用，而且我很自豪這一點，我帶客戶拜神也不會曖昧的巧立明目暗自圖利，我只想透過我的經驗，分享大家一個拜神的正確觀念，財富的多寡取決於你功德的多寡，其它所求也是相同的道理。

因果是很複雜而又條理分明的大數據庫，它是計算此生得善果或得惡果的精準公式，但可依據的是「種善因得善果、種惡因得惡果」，天理昭彰報應不爽。

有一位年邁而貧窮的老母親，八十歲那年得知她的獨子因經商失敗，欠下一大筆鉅款，老母親知道後每天省吃儉用撿破爛，花了六年的時間終於把兒子的欠債償還完畢，債權人手拿著錢問老母親爲何六年來她的兒子始終不出面？老母親這時才泣不成聲的說，她的兒子早在六年前就病死了。

一個八十歲的老人燈燭將殘，憑什麼能力爲她已故的孩子償還欠款？首先是她的發願，她不想讓她的孩子在死後把這筆債帶到下輩子，接著就是「機運」，能賺也能存的機運，這點很重要，有些人從這裡取得財富，卻從那裡消耗更多，一來一往不僅沒能存到財富，反而還貼了老本。財運就是這麼回事，有財有運可賺可存，有財無運可得但卻存不了，大多數的人屬於後者，一時之間喜獲錢財欣喜若狂，但緊接著而來的厄運已經在等著他卻不自知。

財運二字一是名詞一是動詞，分開來說財就是錢財，是到手已知的錢財數量，運是指未知的福禍，得到了錢財卻無法控制未知的福禍，那麼財來財去終究竹籃打水一場空。

以前當文字工作者時，有位同行朋友經常寫一些演藝圈的八卦消息，藉此賺得大筆稿費，甚至爲了增加收入，他私底下告訴我，栽贓抹黑一些藝人消息，只要動動筆就有一大筆稿費，更有甚者，他當時也接了一些暗黑色情書刊，專門寫一些嗯嗯哼哼的小說，那是廿多年前的事，後來他在汐止買了套價值不菲的房子，時不時就驕傲的說，他的房子、車子都是他用筆桿搖出來的，那時羨慕他也爲他高興，但我並不想用不入流的情色和誣衊他人這種方式獲取錢財。

過沒兩年汐止發生了一場大地震，他的房子從原本的五樓陷入地底，變成B2層，幸好他人平安無事，只是他醒來時不是搭電梯逃生，而是狼狽的從土堆裡鑽出。

面見眼前的滿目瘡痍，心中的五味雜陳頓時凝結成臉上一抹的寒霜，他不知是該歇斯底里的嘶吼或應該痛哭流涕，他只是木然的親眼目睹他在台北奮鬥十餘年的辛苦所得，轉瞬間化爲廢土殘渣。

他事後說起當他看見這一切時，眞想一頭撞死在現場，經歷浩劫後，他還要面對所有的善後，包括爲自己另謀住處以及處理銀行貸款的事，當時他沒買產物險，現在房子沒了但一大筆的房屋貸款仍然得付，他除了搖頭嘆息之外，還說了句：「錢怎麼來就怎麼去，萬般不由人。」想來對於他當初寫人八卦是非、極盡抹黑他人之事，在這一刻已經得到教訓與體悟了。

最親近的財神──祖先、地基主、土地公、引導神

自從我寫了《這樣拜才有效》的系列書籍之後，常遇見讀者問我要怎麼求財才有效？要求財應該要拜哪尊神明？

我常告訴讀者，世人皆愛財，當力不能及時，便到處求神拜佛發宏願，你想發財卻發不了財，因此求神庇佑，換個角度想，神肯定法力無邊發財容易，所以你才會求神，那麼神爲何取財容易？因爲神不需要錢？因爲神不需要吃美食、穿名牌、買豪屋？

回歸到我常說的，錢財是功德所幻化，功德不僅可幻化錢財，也可幻化人世間所需的一切，如健康、人際關係、事業機運等等，

大神有大功德，祂自然不需要錢財，祂要的是功德，祂把祂的功德施放於有德之人，這位有德之人再來爲祂廣宣神威，吸引更多的善男信女來崇敬祂，以此來提升祂的神格。

人想要發財是因爲想往上提升人格，所以大家都羨慕有錢人，神想要功德是因爲神想提升祂的神格，世間貪婪又不明就理的人太多、想不勞而獲的人太多、不諳因果定律的人太多，在人間爲人有求必應的神祇，我們稱祂們爲法事神，這些法事神們也不勝其煩，但爲了祂們的神格升等，也只能一一應允，根據個人不同的功德給予不同的福報，而這些法事神們要升等去哪？

法事神再上一等就是修行神，不再管人世間紅男綠女的閒事而安享祂們的太平天年，在道教的說法上稱爲大羅金仙，與天地同在長伴綠水青山。

但這對祂們來說也非易事，道書上說：「神仙厭居三島，而傳道人間，道上有功而人間有行。功行滿足，受天書以返洞天，是為天仙，若以厭居洞天，效職以為仙官，下曰水官，中曰地官，上曰天官，官官升遷，歷任三十六洞天，而返八十一陽天，歷任八十一陽天，而返三清虛無自然之界。」

「神仙厭居三島」說的是凡人修成正果，雖然已經超凡入聖跳脫輪迴，但他若想繼續精進，便必須重返人間行功造德以求向上提升，例如比爾蓋茲已經家財萬貫，錢財對他不再有任何誘惑與意義，於是他為求心靈提升，捐資獻糧反饋世人。本句中的「三島」指的便是人身肉體，三島即為人體的上中下三焦。

以上所說的超脫凡胎，道家以「仙」稱之，佛教即以佛稱之，但在追求與天地同壽化身太虛的境界上，實是初階而已，若要再求升格，如文內所說要再重返人間行功造德，歷時一百零八年，如此週而復始三次，才能入返三清虛無自然之界。

人想在短短數十年中成爲富豪，相較於神想化入太虛費盡數百年的功夫行功造德，實在是小巫見大巫，因此，可見在神的面前，想發財想賺錢並非難事，所以每個人都屈跪在神前，祈求神明可憐見賜予財運，或發家致富或解救燃眉之急。

但如果你透析本文所述，應該要理解在合理範圍內，想發財想賺錢，只要心思純正安守本份，腳踏實地的做事，不爲己利栽贓冤陷他人，所得的財富即可安穩持久，甚至惠及你的後世子孫，確實做到「家有餘慶惠澤子孫」的福報；反之，即使一時得到財富也可能在轉瞬間竹籃打水一場空，或者付出更大的代價才能弭平一場浩劫，例如有些人前半生做盡非法勾當，賺得一生財富，卻因一場異疾後半生纏綿病榻，最終死於非命，落得人爲財死鳥爲食亡的不堪下場。

死亡並不是結束，而是另一場因果的開始，今生所做所得並不會因爲死亡而終結，來世的禍福興衰仍與今生所做所得息息攸關，所以老話說：「欲知來世果，今生做者是。」

向上攀升是一點一滴的功德積累，如滴水穿石，向下沉淪是轉瞬之間的事，如同溜滑梯。財運的積累也是同樣的道理，運用正當的方法所得的財富，不僅成就了個人此生的欲望，也爲子孫留下百年基業，更爲自己來世積累功德；運用失德的手段所獲得的橫財，不但自己要付出慘痛的代價，還會殃及後世子孫使得家族蒙羞，更爲自己的來世埋下禍根。

「財富的合理範圍」在玄學或明理學上稱爲「格局」，格局有大有小，爲人處世應當明白自己的位置與立場，若你是企業小老闆的格局，就不用想著擁有總裁的成就，在你的格局範圍內安穩作人安心做事，你仍然可以擁有一片天。例如，小老闆的格局假設是一百萬至一億之間，那麼你要努力的是將自己的格局最大化，而不是去羨慕總裁百億的身價，若你功德累積足夠，也有可能跳脫格局進入更高的層次，如同前面所說的神欲升格所做的人間功德般。

獲得財富是爲了繼續累積功德，而不是仗著財富爲非作歹欺壓他人，尤其在這個自由市場機制的社會中，只要你肯不懈的努力，就算你是三級貧戶的子女，也能有機會翻身上流社會，但若依恃著自己的財富盡做傷天害理之事，其下場可能就會讓你後悔莫及。

在封建時代，人們唯有求取功名，個人或家族才有可能翻身，佛法傳入中國時，依據這種社會制度，發展出兩種傳法策略，一種是針對王公貴族的傳法，佛家對國王說你今生雖擁有權力、財富、江山，但時間推移終將老去、死去，你畢生的財富始終帶不走，國王驚急的說他該怎麼做才能保有這些財富？佛家說可以將此生的財富建蓋佛寺、舍利塔，一心供養佛陀，來世投胎必再做轉輪聖王，權力、財富、江山復歸己身。

另一種對封建百姓的說法是，你們這輩子當貧戶是因爲你們前世沒有好好修行念佛，這輩子只要好好修行念佛，死後定當往生佛國來世生於富貴之家。

姑且不論傳法的對錯，只論當時的時空背景與今日已經截然不同，封建時期是欲所爲不能爲，受到層層的禁錮與約束，今日是人人都有奮發向上的機會，只怕你哀莫大於心死，不肯爲自己爲家族付出努力光耀門楣。

本書中所寫的財神首要爲奉敬祖先，再者爲地基主、太歲、引導神。

此外，一般人所奉敬的財神爲文財神、武財神、五路財神、福德正神（土地公）。

不論你想拜哪位財神都可以，但若想一生平安富貴綿長，筆者認爲應該正本清源從與己身有切身關係的神祇拜起，人際關係有分親疏遠近，與神界的關係亦然。

台灣屬於多神信仰地區，基於信仰的自由，人們可以膜拜釋迦牟尼也可以信奉耶穌基督，可以信奉觀音菩薩也可以膜拜濟公三太子，但對於你一輩子可能只去一或二次的廟宇，一入廟你就向桌上的神尊祈求這個祈求那個，面對芸芸眾生的各種祈求，若你是神尊，你將應允哪些人得償所願？是讓每個祈求者都遂心滿願還是有條件的賜予？

神明面對信眾的祈求是有條件選擇的，首要賜予的人必是有功德的人，尤其是具有孝德之人，所以老話說：「百善孝爲先」，又說：「孝能感動天」，孝字中包含奉養父母回饋反哺之恩、愼終追遠崇敬祖先，有孝德之人在神的能力範圍內，必定力促其心想事成，以達光宗耀祖彰顯家門之事。

其次就是專心事一主，與祂之間培養出深厚的靈性溝通情誼，並遵循著祂的亮潔情操，培養出善良的情懷與腳踏實地做事的性格，若能依此膜拜請託，神尊必定屢顯聖蹟，協助你此生功德圓滿，由身入手飽足資糧，透過心性的徹悟求得靈性的提升。

在我之前所寫的拜拜系列叢書中，將「專事一神」定名為**引導神**，因緣際會不論你的引導神是玉皇大帝或瑤池金母或是觀音菩薩均可，但就是要常常去請安膜拜，即使事務繁忙無法經常去拜會，心裡也要時時有祂的影像存在，如同子憶母般的眷戀，若能如此祂必與你如影隨行。

以我爲例，當初走了一遍靈山之旅，後來從中體悟了解決人生貧富榮衰之理，也拜了幾尊神明爲師尊（其實一尊就足夠協助你了），經神尊指示要將所見所得傳法於人世，但隨著工作的繁忙，無法經常入廟請安，但每晚臨睡前必憶及眾師尊形容不敢怠忘，而只要時間允許，必定儘量每年去一次，行話稱爲「繳旨覆命」，將一年來所做的事情，寫書、爲人辦事等等，奉請師尊監察以做爲是非對錯的定奪。

若是因緣際會到某一座廟宇膜拜，也都會依禮行止請安問候，例如我到朝天宮拜見天上聖母，禱詞內容大致如下：

奉香拜請朝天宮天上聖母及本廟眾神在上，信男王品豊今日因緣俱足入楷廟請安，恭祝本廟眾神香火鼎盛神威顯赫千秋萬世，並以我師尊之名，在此共仰神恩同登仙道。

廟不是只有人才會進來，還有很多你看不見的阿飄或是無處可歸的孤魂野鬼在此流連，因此入廟時不僅要對案上神明心懷敬意，也要衣著整齊態度誠懇，若能如此，不僅神樂於助你，在廟裡隨緣遇見的阿飄也不會對你心懷敵意。

專事一神——引導神，將你的引導神視爲你靈體上的父母，如同你的肉體爲你的父母所生一般，那麼你將得到許多豐富的寶藏。世上只有父母對孩子才會無私無悔不計代價的付出，靈體上的引導神也是如此，你視祂如父母般的敬畏，祂也必視你如己出的幫助你心想事成，不僅僅是財富，健康、姻緣、人際、事業也是如此，更在你的身心靈提升上給予諸多協助。古時候的修行者以苦修惕勵自己，現代人處在自由的時空背景下，轉換一下思維，可以將苦修轉換爲快樂的修行，一方面達成人世責任，自我成就衣食無憂，一方面提升靈性法樂常喜，這就是引導神的功能，祂協助我們由窮人變爲富人，再由富人提供財施利濟他人，這樣你的引導神因爲圓滿了你的身心靈而功德圓滿提升神格，你也因你的努力擺脫貧窮，在這世你改變了你的環境，且效法你的引導神將你的資糧幫助其它人，來世你若投胎，必生於德善富裕之家或者與你的引導神一樣榮升神格，這就是引導神的意義所在。

人生在世希冀得財的最終目的只有兩個：成就自我、家族榮光，男女皆同。男人賺錢養家、女人嫁夫生子，最終目的不就是老有所依興家耀祖？別說你是新世代的男女或是推崇西方思想，在西方，每個臨老被送進養老院的父母，你可知道他們有多羨慕東方人三代同堂，在家含飴弄孫、壽終正寢的社會習俗？

若有親友過世，我們也會依不同宗教，誠心祝禱「往生西方極樂」或「天堂一路好走」，但我相信每個人若是累了、睏了、乏了，最想做的事就是「回家」休息，家中的老人臨命終了，他們最想做的事就是「回家」，不是去西方極樂世界或是天堂，我稱爲「回歸祖庭」，只有祖庭不在的人才會被送到西方極樂世界或是天堂，祖庭好比巨門豪宅也可能是土牆茅屋，這是由因業果報造成的，因此重修祖庭便成爲我們的責任，但我們都無法窺知祖庭的盛衰榮敗，但可知的是，你今世的狀況如何你的祖庭便是如何。

因此崇拜祖先不僅只是爲了愼終追遠，更爲了重修祖庭，當你有這念頭時，祖先必來助你重修祖庭，你付出你的努力、祖先付出他們的功德，陰陽合作助你行功立業重修祖庭，這就是拜神的最終成就：**陰陽調和冥陽兩利**。

但關於祖業或許你已無從查起，這時你便需要你的引導神，請祂協助你建立你的祖業，你若是一棵樹，你的祖庭好比是土壤，樹生長的好壞與否，與土壤的肥沃或貧瘠息息相關。祖業興衰榮枯其實不用寄語他人，看看自己的現況就可略知一二，如果自己現在身強體壯工作順利，家庭和睦財運亨通，則祖業榮盛不言而喻，若現在家中失和事業困頓，自己或家人身體欠安，幾經努力仍難以修復，則不妨從祖業下手。

一般人較常遇見的祖業問題有：不祭祀祖先、祖先遺骸無存、重姓問題（祖上有招贅入別家姓）、祖先不詳（先祖是他人領養，原姓氏已不知）等等問題，這些問題通常必須從陰陽師口中探尋，若你沒有可信任的陰陽師時，可以先不用探知祖源問題，直接請示引導神，目前所遇的不如意事情，是否與祖業有關，若引導神以筊杯答是，則再請示是否可請引導神代為處理解決？通常引導神都樂於答應，因為這是祂們行功立德的機會點，而關於解決祖源一事，已在《這樣拜才有出頭天》中說明，在此不再贅述。

在我們的認知中，祖源的問題應該是好幾代前的事，而我也依據輪迴定律，認為至少應該是前三代的事情，才會影響現在的我們，但我也遇過隔代就遭逢祖先問題的特殊案例。

一位五十多歲的客户來找我，他是做貴金屬買賣的，前幾年做得很不錯，但後來在一年的時間內兵敗如山倒，沉重的貸款利息壓得他喘不過氣來，他看了我寫的書來找我，因此腦海中一直認爲他的問題是祖源所致，但我看他印堂光亮不太像祖源問題，但又說不上什麼原因導致他現在困頓連連，於是約他到廟裡請神尊幫忙化解。

怪就怪在神尊不答應也不拒絕，一直都是連續性的笑杯，我就請示師尊到底是什麼事情？師尊彷彿回答我：「人來了！」我直覺的回頭往廟門外看，朗朗白日竟好像看到門外有一個影子般的人形立在那兒，一會兒我請她（感覺是女性）入廟來，問詢了許久終於歸結出一些梗概。

那女性的人形說：「媳婦不孝，不讓她好過。」我問了這位客户，他奶奶過世多久了？他歪著頭想了許久，不太確定的說應該快三十年了吧，問他奶奶怎麼過世的，他也說不太上來，他只記得當時他在國外念書，父親在瓜地馬拉設廠做冷凍食品，有一次他回來，沒看見奶奶，便問媽媽奶奶去哪了，媽媽回答身體不舒服送去瓜地馬拉休養，再後來就聽說奶奶失智離家出走下落不明。

他說到這裡，我便把剛才所「看到」的事情對他說了遍，他呆愣了許久才說：「我媽現在罹患漸凍症，只有眼皮子能動。」我簡單的問了他要不要處理？他說好他要處理，因爲奶奶在他小時候很疼他。

由於他的奶奶是在國外失蹤、過世，現在已不可考，便請示她是否願意加入神職追隨神尊，她點頭同意，還說她找了好久才找到她的孫子。但問到是否要幫她辦理請靈入祖先牌位時，她卻表示不需要這麼做，她只想跟著神尊行功造德。

於是我們按照她的意思向三官大帝請示，神奇的是這時所擲的筊杯，都是允許的聖杯，接著我們按照神尊所指示的事項逐一辦理，從「靈修」一直辦到「封官」總共辦了六次花了近兩個月的時間，這期間他說他的生意漸有起色，更不可思議的是他有間閒置廠房，賣了許久一直無法脫手，竟然有人主動詢問一次性成交，價錢還高過他的心理價位，這讓他產生極大的信心，也讓他對於無法在奶奶生前給予人子孝道奉養，感到無限的愧疚。

這事發生在四年前，至今他仍然跟著我拜神辦事，他早已從事別的行業，而且越做越順利，有時他和我聊天說，他本來是事事講究科學證據、無神論者的人，沒想到通過這事讓他覺得在玄學的面前，科學只能算是個小孩子，但令他不解的還有一件事，據他所知，奶奶生前一直都是拜佛茹素，而三官大帝是道教神祇，她怎會說要跟著三官大帝行功造德？

答案就在「行功造德」四個字上，獨修是只能修行自己的靈體，而行功造德可立功勳，不僅能達到修行的目的，還能惠及子孫，當修到一定的神格時，奶奶是可以憑著自己的意志選擇繼續當神或是重返人間。選擇繼續當神是因爲她了無牽掛，選擇重返人間則是她想乘願再來，或許有她放不下的人或事，因此她想來到人世了卻因果，如果她果眞重返人間，憑著她身於靈體時，隨著神尊行功立德的因緣，她在人間也會獲得福祿壽喜等果報。

另一點，從這眞實故事中，你可以發現不管你能力多強，財運的控制點有很大一部分是掌控在祖先手裡，祖先有權收攝或發放他的功德助你財運，通過這件事讓我想起，以前的人們若要入道門修行，師父在收納爲徒之前，必定焚香設宴奉告祖庭，因爲子孫爲祖先精血所延續，要入道門必先經祖先同意。

有許多因祖先有難禍及（通知）子孫的案例，以後若有機會再陸續寫出，但個人財運亨不亨通，的確和祖先的業報有很大的關係，因此才有《周易．坤．文言》那句話寫的：「積善之家必有餘慶，積不善之家必有餘殃。」想來一點不假。

另外，許多人喜歡到處求佛拜神，總是把神當成無中生有幻化一切的魔術師，但神不管祂是大神或小神，祂的職責功能就是調理陰陽，並非你一昧盲求就能讓你財源滾滾而來，當你跪在祂面前膜拜時，至少祂必須考量你的人品、福報、誠心、敬意等，人品是與生俱來的行事態度，福報是你前世帶到今世來用的以及你的家族祖業功德，誠心是看你是事奉一神或是忙於各宮各廟四處求，敬意是指你是否敬畏鬼神。

這本書寫的是「拜財神」，而所指的財神是指祖先、地基主、土地公、引導神，能夠幫你引進財源機會的當然不止這四位神祇，但這四位神祇卻是與你最接近的，所謂廟在深山不遠求，時常圍繞在你身邊的這四位財神，才是你祈福祈財的重要資源。配合你先天的意志、後天的才能，必定能讓你左右逢源絕處逢生，可別跟他們擦身而過而不自覺喔。

第二章 想要家運好，**祭祖不能少**

- ❖ 春季報祖恩
- ❖ 夏季赦祖業
- ❖ 冬季祖庭超薦

我的父親已經快九十歲了，每到學生註冊的時候，父親總是會提前準備好孫子們的註冊費，而且從來只會多不會少，哪怕我們一再跟他說不用準備，但他依然時間一到就交到孫子手上，說是發勤學獎金，孫子們年紀小，不懂這些錢是老人平常省吃儉用的錢，更無法體會長輩對晚輩的疼愛心意，而更深一層的意思是希望晚輩們可以用功讀書，若是可以出人頭地光耀門楣便罷，否則至少安份作人平凡度日。

連續出版了拜拜系列書之後，也認識了不少朋友，其中有位叫小李的人，透過幾次郵件往來後，得知他從事金融投資行業，但十多年下來，從未在這個行業上獲得大利，反觀他的同行早已風生水起買車買樓，而他也無法理解，每一次的漲跌趨勢幾乎都在他的預測之內，但在緊要關頭總是會發生一些不可理解的羈絆讓他無法操盤。例如有一次中午，他打算去學校接女兒回家，心想著到家之後正好趕上一波漲幅，誰知人算不如天算，拐個彎被警察攔下，說他紅燈違規右轉，硬是被開了張罰單，磨蹭了老半天簽完字再趕去學校，接女兒已經遲到了，返家時車騎了一半才想到忘了加油，油桶裡一滴油也沒有，原本他是打算去加油的，被警察攔下後就忘了這件事，匆匆趕去學校，現在只好跟著女兒慢慢推車走回家。

好不容易到家，打開電腦一看，差點沒暈倒！就差二十分鐘不到的時間，他不但沒賺到預期的百萬，甚至連本錢都被咬掉一大半，那一次讓他元氣大傷。

讓他元氣大傷的事也不止那一次，其它諸如老婆開刀時，大漲！參加兒子畢業典禮時，大漲！送父親去住院時，大漲！他說他幾乎可以完美而準確的預測投資行情，但他無法掌控的是行情即將來臨時，那些突如其來的瑣事，幾乎牽拉著他，讓他動彈不得，只能望著指數無言興嘆。

有人建議小李去拜財神，小李夫婦倆從善如流的開著車，到每一家朋友推薦的財神廟膜拜，儘管朋友信誓旦旦的說財神有多靈，但他們跑了幾次也不見財務上有什麼起色。

小李的老婆跟我說，小李是個孝子，他父親住院期間，小李陪在他爸身旁日夜照顧他爸爸，他的岳父母先後過世時，也是小李一手操辦他們的後事，李太太說著說著就流下淚來：「他是愣了點，但對長輩的孝心和耐心，我身爲他的妻子無話可說，但就是不明白，他的賺錢運怎麼會這麼弱！」

小李的確是個忠厚老實的人，經過幾次的接觸我是這麼認爲的，便約了他們一起去南投受天宮玄天上帝處拜拜，玄天上帝說小李冥頑不靈不懂得舉一反三，小李老婆在旁不住的點頭竊笑，後來玄天上帝又說，小李不是沒財運，是他不懂得找貴人相助，小李搖著頭說，他自營十多年跟外界多已不聯繫，除非貴人自動跳到他面前，叫他去找貴人實在有點困難，「連辦張信用卡都找不到保人！」他苦笑的說。

小李說的頗有道理，玄天上帝的「指示」似乎就有點緩不濟急，但這時玄天上帝又說了，要他回家請祖先幫忙，這時我們才恍然大悟，原來最後的貴人是自家的祖先，小李猶疑的隨口說了句：「是嗎？」我立刻反問他：「你需要資金時，誰可以借你而且不收利息也不急著催討？」小李夫婦倆想了半天，想不出天底下哪有這種傻子，於是，我隨口又問他們：「你們都沒跟你們爸媽借過錢？你們還了嗎？他們催了嗎？」小李一時沒反應過來，又說：「那怎麼能一樣？他們是我父母……」沒等他說完，我立刻反唇相譏：「你爸媽的錢就不是錢？他們都是搶來、偷來，所以可以不用還？」

最近流行這一句話：「親情綁架」，年輕人對於父母的諸多干涉，不管合不合自己的喜惡，便說是親情綁架，但他們對父母予取予求時，卻不認為他們也以親情綁架了父母，不管父母的能力夠不夠，反正軟磨硬泡就是要達到自己的目的。幾年前在中國甚至還發生了一起命案，一位母親無法幫兒子買結婚房，兒子氣急敗壞的破口大罵，問母親怎麼不去死！可憐的母親滿懷悲怨之下，縱身跳樓身亡。

小李夫妻二人四目交望沉默不語，過了一會兒，小李的太太才悄悄的對我說，前年小李需要週轉，回家跟爸媽借了一筆錢，父母不忍心兒子受苦，兩個老人家商量後，就把房子抵押貸款給了小李，小李拿到錢後信誓旦旦的說會負起每月還款的責任，前幾個月還信守承諾，半年後就慢慢開始青黃不接，爲了此事小李夫妻一年多來都不敢回家看父母，尤其是父母從來沒有打電話來催他繳款，每次來電話都只有兩件事，一是問他怎麼不回家看看爸媽，一是問孫子們乖不乖？

小李心知肚明，公務員退休的父母，是拿著他們每月的退休金幫他還貸款，原本的生活費用轉去還貸款，可以想見日子會變得多清苦！小李內心很糾結，又是難過又是瞋怨，半夜沒法睡，坐在床邊嘆聲連連。

我勸小李說，父母對兒女從來只有盼望成龍成鳳，絕不會想成爲債權人，錢一時要不回來是小事，兒子不帶妻子、兒女回家才是大事，父母知道他目前還不出錢不但沒怪他，還隻字不提怕傷了他的自尊，身爲兒女的人怎麼可以依賴的躲在父母的羽翼下苟且，卻沒站在老人家的立場著想？

俗話說：「不是一家人不入一家門」，這句話看起來簡單直接，但細思起來卻意義非凡，家人你無法選擇，這是因果因素的被動結果，但入了家門便是榮辱禍福與共的團體，家門指的是你的直系血親，包含你的父母、祖父母以及過世的曾祖父母、曾曾祖父母……在漢文化傳承中，他們都是父母，只是代數不同。

對活著的父母克盡奉養之責、對已是祖先的父母則負有療癒、祭祀之責，這是爲人子女必做之事，**拜神祭祀中常說到「冥陽兩利」或是「陰陽兩利」，意思就是指讓活著的人和無形的魂體都能**

夠得到圓滿，他們得到圓滿的照顧了，才能有力量反饋給你，使你擁有意志和力量光耀門楣，照顧全家大小。

大多數的人都和小李一樣，總想著錦衣玉食時才覺得有資格孝養父母，寒衣粗食舉債度日時，就無法顧及父母甚至視之爲理所當然，按這樣的思維持續下去，就只能產生一代不如一代的後果。

換另一種想法，父母對我有養育之恩，無論我此生富貴貧窮，絕不背棄父母，若能夠這樣子想，你的孩子孺染你的辛勤與奮發，這就是極好的身教，不僅未來孩子們不會放棄你，也會被你的一肩挑所感動，在求學或學藝的過程中，便會立下決心出人頭地，學習你的精神不怕艱難挑負起承先啓後的責任，如此的良性循環下，發家致富是指日可待之事。只是願意這樣做的人，在現今社會中已經越來越少了，大家可以去看看檯面上那些既富有又長久的人，哪一個不是這樣的人？他們也許會捐錢蓋廟、以校友名義捐贈母校，但他們都具有共同的的認知，需先「齊家」再回饋社會（平天下）。

家族中父母之上就是祖先，祖先又稱為「祖庭」，華夏民族的共同祖庭就是黃帝與炎帝，因此漢人自稱炎黃子孫，再縮小至個人家族，就是指直系關係中已經過世的親人。過世是指肉體腐化，但精神意識仍然留存，古時候將精神意識稱為魂魄，魂魄是股能量，依所執著之事流連不去，如父母眷顧子女般亙古綿長。

祖先的魂魄所眷戀的是家族榮光，即使肉體已去但精神意識仍存，家族榮光對於祖先的魂魄有什麼幫助？

人世間之所以美好，是因為具有完整的軀體，可以憑自己的意志去做想做的事情，但人生而不平等，有人出生於貧寒之家，有人含著金湯匙來到人間受盡呵護，祖先的魂魄也想回到人間繼續未完之事，但投胎輪迴並非輕而易舉之事，首先要報名排隊，按正常的邏輯，排隊的時間至少要二百四十年以上，終於爭取到輪迴的機會時，又要依所做的功德依序投胎到不同等級的家族，這好比參加升學考試，按照所考取的分數分發學校，成績好的分到好學校，成績不好的分到壞學校。

家族就如同學校一樣被區分等級，越好的家族越富貴雙全，越差的家族就越貧賤不堪，好的家族一樣有敗壞校風的痞子學生，稱爲敗家子，壞的家族也會出現幾個品學兼優的好學生，稱爲興家子，祖先對於家族的認同，如同佛陀說我將「乘願再來」，再來時，佛陀仍鍾情於祂的佛教帝國，而祖先仍心繫於它的家園。

我常這樣想著，當我遭遇困難時，誰會無償的幫助我？若無力幫助我時，誰會比我還急得如同熱鍋上的螞蟻？會無償幫助我的，是我的父母、祖父、祖先，會比我還急的，也是我的父母、祖父、祖先，這稱爲一脈相承；陽世的子孫和陰世的祖先，都有一個共同的願望，那就是光耀門楣。

陽世子孫所希望的光耀門楣是出人頭地，陰世的祖先所希望的光耀門楣是祖德流芳，這有助於來世他們可以投生到好的家族，繼續人世間未完成的心願，而對於已經家族強盛的祖先而言，他們可以選擇不入輪迴，而往高階的神靈升級，但它的升級之路也必須透過陽世子孫的幫助，子孫行功積德有利於祖先的靈體升遷，最後由家祖升格爲公眾之神。

三年前有位朋友聯繫我，他說那年的四月他九十一歲的老父於睡夢中仙逝，家人爲老父辦理後事，辦完後的第三週他夢見老父，老父一臉的死灰無血色，在夢中告訴他，他即將搬去新加坡當福德正神，說完朋友夢中驚醒。

事後他回憶說，他的父親一生勤政愛民，雖然退休已經三十多年，但對於舊友仍然關心有加，按照老父生前的性格，他覺得老父升爲福德正神，彷彿是生前工作的延續，雖然無法判定眞僞，但也足堪慰藉。

老父過世滿百日當天晚上，他的媽媽也夢見他的先生，穿著一身的制服來看她，神采奕奕滿臉愉悅的揮手說：「我要走了！」

她隔天向兒子說起這事，兒子才告訴媽媽那時他夢見父親來告訴他，要去新加坡當福德正神的事情，母子二人談起這事沒有太多驚訝，只覺得神奇與不可思議而已。

眞正讓他們驚訝的是一年後，朋友竟然收到新加坡一家金融機構的錄取通知，在面對全球菁英人士激烈競爭下，他竟然脫穎而出，這才是讓他最嘖嘖稱奇的事情。

前面提到的小李也有類似的奇蹟發生，在他改變習性如實的祭拜祖先之後，工作越來越順暢，回首前塵他心有所感，言談間總是不經意的透露出當時懵懂無知，竟然不知祖先期待子孫出人頭地的苦心與威力。

陰陽之間的往來是以互動爲原則，祭拜祖先也是相同的道理，例如清明祭祖便是人們追懷祖先的節日，但並非每個祖先在生前都是行功積德的，有的因病亡故，有的生前沒有積累功德甚至行兇逞惡等等，因此，若希望祖先對子孫有所助益，首先要先解決祖先的事情，讓他們有能力護蔭子孫。

一般來說，一年中的祭拜祖先，可分爲春季「報祖恩」，夏秋二季「赦祖業」，冬季「祖庭超薦」，至於清明掃墓是民俗禮節，不在本方法之內。而這三次都必須請引導神作主辦理，每一次都必須先擲筊請示引導神是否願意作主辦理，擲筊以三次聖杯爲限，若沒有連續三聖杯表示暫時不能辦理，主要的原因有以下二點：

第一，神格、神職不夠大，無法作主辦理，例如有些人找福德正神當引導神，有時會因爲該廟的神權不足，因此無法辦理。

第二，祖先有另事未辦妥，因此無法接受此次的辦理，例如祖先中有人有罪在身，必須先脫罪才能辦理。

以上兩點最容易發生在冬至辦理「祖庭超薦」時，往往因爲第二點而無法被超脫拔薦，此時就必須回到夏秋二季的「赦祖業」重辦一次。

每個家族的祖先所犯的業力或是所積累的功德不同，因此辦的過程也不盡相同，我也曾經遇到過有客戶的祖先，被引導神指示不需要辦赦祖業和祖庭超薦，直接辦理「子孫接祖德」的事情。

那次是客户劉大哥被檢查出罹患第四期大腸癌，事出緊急，祖先爲了救子孫，與引導神相互合作，緊急撥出功德予以施救，所幸手術過程非常順利，劉大哥在術後康復迅速。

後來劉大哥與我約見時，身旁陪了三個人，其中一人是比丘尼，經他介紹才知是他出家三十年的大姐，那時我才恍然大悟，原來家中有位出家的比丘尼，所以才能夠在辦祖先時，祖先示意三級跳，直接撥功德濟救子孫。

席間和比丘尼大姐相談甚歡，大姐也比較了拜神與念佛的差異，後來又主動說她也要拜拜試試兩者不同，我依言請示神尊，神尊要她從鞏固靈體辦起，這又是另一拜神的話題，在此便略去不提。

另一個例子是一位上海小伙，年紀三十出頭，那次朋友帶他來與我認識，正逢他事業低潮無以爲繼，每天舉債度日忙得焦頭爛額，他說他每天面對逼債，想死的心都有了。

我帶他請示三官大帝，看是否有辦法幫他，三官大帝指示要他先辦祖先的事情，因爲他尚有祖德可用，但要看祖先是否願意幫他，第一次先幫他辦「報祖恩」，第二次便直接辦理「接祖德」，連「赦祖業」和「祖庭超薦」都直接跳過去，示意說以後再辦。

辦完後，這小伙有天發訊息告訴我，說他表姊是某會場的主辦方，他們接到了一場即將在上海舉辦的維密秀，問他願不願意幫她賣貴賓券，一張貴賓券十萬人民幣，佣金提成很高，但高價的買方卻不知在何處，後來朋友介紹他去找一位航空業老闆，老闆一聽是美女如雲的維密秀，表明他要招待客户去看，當下訂了七十張票且預付一半的訂金，小伙又驚又喜心頭小鹿亂撞，回到公司立刻跟我說這個好消息。

演出在即，他收到了尾款，高興的說還掉之前的欠債，他還剩大約台幣三百萬，他打算拿這些錢重新開張他的旅行社。

前面說到的這兩個案例，只是要說明有祖先的功德做後盾，面臨困難求助無門時，便可以請祖先相助，但是祖先的功德也並非憑空而至，先決條件就是祖先必須先有功德預備。

祖先若無功德該怎麼辦？大部分的祖先都有功德，只是子孫不知道該如何使用，致使祖先功德一放經世，如果你要使用祖德，就必須按照上述方式，按部就班先使用再歸還，讓祖德源遠流長取之不竭用之不盡。

春季報祖恩

春季辦「報祖恩」，顧名思義就是報答祖先的恩情，沒有祖先就沒有我們的誕生，也無法一代一代的傳承下來，因此，向引導神請求辦理報祖恩，是三項中最容易的一項。

辦理時間

辦理日期在每年農曆三月，整個月的時間都可辦理。

所需準備的四品禮物

1 壽生蓮花108朵（自製或買現成均可）。
2 往生蓮花108朵（自製或買現成均可）。
3 大箔壽金10小包。
4 福金40支。
5 壽金20支。
6 刈金20支。
7 大銀20支。
8 小銀40支。
9 公媽金2刀。
10 公媽銀2刀。

11 蓮花金2刀。

12 蓮花銀2刀。

13 庫祿6箱。

14 壽生元寶1200顆。

15 往生元寶1200顆。

以上四品都是最低數量，需向引導神請示所報四品是否圓滿，請示擲筊時一次聖杯，若有出現「蓋杯」或「笑杯」時，表示某些紙錢數量不夠，只能夠逐一擲筊請示，直到全部「聖杯」爲止。

辦理當天的膜拜順序

1 到廟裡之後，先朝天拜天公，並如下稟告：

奉香拜請玉皇大帝在上，今日良辰吉時，在×××宮廟，奉請師尊××神辦理報祖恩，在此祈求今日所辦，事事順利事事圓滿。

2 禱畢，香插於天公爐上，再入廟按廟中的規矩先由主祀神拜起，逐一拜過一輪後，再點三支香到廟門外請祖先入內：

奉香拜請×氏祖庭在上，陽世子孫×××今日備辦四品，奉請××宮××神辦理報祖恩一事，在此奉請×氏祖先前來領納，並以××神之名，共仰神恩同登仙道。

3 說完將香插於廟外地上。

為何請祖先必須到廟門外？這是對神祇的尊重，廟裡的神是陽神，未受封的祖先視為陰魂，若沒有子孫相請，必會被廟中的兵將阻擋於門外，又因為祖靈為陰體，點香膜拜時，不應將香枝插入爐中，以示對廟內神明的尊重。

4 全拜好之後再到你的引導神面前，雙膝跪地雙手合十，向引導神稟明今日欲辦何事，內容大致如下：

拜請關聖帝君在上（舉例），弟子王小明日前蒙主上恩允，同意辦理報祖恩一事，今日特備四品前來辦理，所備四品：（逐項稟報紙錢名稱和數量），所備四品若是圓滿，奉請賜一聖杯。

5 全部辦好之後，最後不忘要謝謝引導神，需準備三份廟金，擲筊請示：

今日感謝師尊作主辦理報祖恩一事，另備三份廟金答謝師尊，並恭祝師尊香火鼎盛神威顯赫，弟子定將行功造德答謝神恩。

6 稟報完擲筊，若聖杯即圓滿，若笑杯表示三份廟金不夠，需以三份為基數，逐次擲筊請示所需廟金。若是蓋杯，則表示三份廟金足夠，但要你添加功德金，可一百、二百逐次擲筊請示，直到出現聖杯。

求神辦事其實不難，難的是如何揣度神意，一件事情辦得是否圓滿，擲筊至爲重要，先滿足了神明的要求，你所求之事才會快速實現。

不要擔心或煩惱你要花很多錢燒紙錢，陰陽相通時，你的付出必獲回報，只是看你捨不捨得，有沒有這份心祈求而已。

雖說「報祖恩」是在春季做，但若是能在每年的秋季也辦一次，即是在夏季辦完「赦祖業」之後，再辦一次秋季報祖恩，兩者相乘必能對所求之事更加迅速圓滿。

夏季赦祖業

夏季辦理「赦祖業」要在農曆七月之前，否則就是在農曆七月之後，儘量不要在七月辦理，避免不必要的麻煩產生。

農曆七月是一年中陽氣轉爲陰氣的最盛時期，所以在民俗膜拜中有七月不入廟之說，免得爲陰氣所衝撞。另外，民俗中稱七月是百鬼出籠有冤報冤有仇報仇的時節，此時的假業力眞栽贓也會比平日多，因此，若是自行辦理任何法事，儘量避免在七月辦理，免得自找麻煩多耗財物。

「赦祖業」是假設我現在遇到的問題，是祖先的求救信號，在此意識認定上，拜請引導神代爲處理化解，讓逝去的祖先得以獲贖也讓自己得以紓困。

至於祖先因爲什麼原因而求救，你自己並不知曉，除非你具有通靈能力，但你的引導神一定會知道，所以只要他願意作主處理，你就別管是什麼原因，只要備妥紙錢請引導神處理就行了。人們最大的矛盾就是好奇心，好奇了之後又沒辦法解決，這是大部分人的通病，其實你可以先不管原因，只要全心相信你的引導神，事後的驗證就是你是否因此變得家門平安運勢亨通，若眞是如此，那就代表神威顯赫，而不必執著於事情的原因，就好比你的手機可以隨時上網就行了，不必去研究wi-fi和GPRS是什麼原理一樣，專家們著書立論而你只要懂得操作就可以了。

辦理時間

辦理日期在每年農曆七月之前或之後，儘量避開農曆七月。

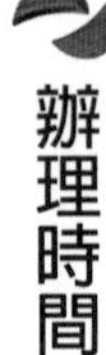

所需準備的四品禮物

1 壽生蓮花108朵（自製或買現成均可）。

2 往生蓮花108朵（自製或買現成均可）。

3 天公金2刀。

4 天金2刀。

5 尺金2刀。

6 叩答恩光20支。
7 大箔壽金10小包。
8 福金40支。
9 壽金20支。
10 刈金80支。
11 大銀40支。
12 小銀80支。
13 公媽金2刀。
14 公媽銀2刀。
15 蓮花金2刀。
16 蓮花銀2刀。
17 庫祿6箱。

以上四品都是最低數量，需向引導神請示所報四品是否圓滿，請示擲筊時一次聖杯，若有出現「蓋杯」或「笑杯」時，表示某些紙錢數量不夠，只能夠逐一擲筊請示，直到全部「聖杯」爲止。

辦理當天的膜拜順序

1 到廟裡之後，先朝天拜天公，並如下稟告：

奉香拜請玉皇大帝在上、今日良辰吉時，在×××宮廟，奉請師尊××神辦理赦祖業，在此祈求今日所辦，事事順利事事圓滿。

2　禱畢，香插於天公爐上，再入廟按廟中的規矩先由主祀神拜起，逐一拜過一輪後，再點三支香到廟門外請祖先入內：

奉香拜請×氏祖庭在上，陽世子孫×××今日備辦四品，奉請××宮××神辦理赦祖業一事，在此奉請×氏祖先前來領納，並以××神之名，共仰神恩同登仙道。

3　說完將香插於廟外地上。

為何請祖先必須到廟門外？這是對神祇的尊重，廟裡的神是陽神，未受封的祖先視為陰魂，若沒有子孫相請，必會被廟中的兵將阻擋於門外，又因為祖靈為陰體，點香膜拜時，不應將香枝插入爐中，以示對廟內神明的尊重。

4 全拜好之後再到你的引導神面前，雙膝跪地雙手合十，向引導神稟明今日欲辦何事，內容大致如下：

> 拜請關聖帝君在上（舉例），弟子王小明日前蒙主上恩允，同意辦理赦祖業一事，今日特備四品前來辦理，所備四品：（逐項稟報紙錢名稱和數量），所備四品若是圓滿，奉請賜一聖杯。

赦祖業比較特殊的地方在於祖業繁雜，有可能一次不夠，若有出現蓋杯或笑杯時，要先問是否要再辦一次，若是聖杯則擇期辦第二次，若是笑杯則如前所述某個紙錢不夠或是需要另補功德金。

5 全部辦好之後，最後不忘要謝謝引導神，需準備三份廟金，擲筊請示：

今日感謝師尊作主辦理報祖恩一事，另備三份廟金答謝師尊，並恭祝師尊香火鼎盛神威顯赫，弟子定將行功造德答謝神恩。

冬季祖庭超薦

冬至前後辦理「祖庭超薦」，就是指請引導神作主，將有功動的祖先拔薦超度名列仙班，讓有功勳的祖先具有神格，以便繼續行功造德，一來繼續提升自己的靈格，二來庇蔭子孫在人世間光宗耀祖，如此一來，子孫護祖請求引導神將祖先的陰靈提升爲陽靈，祖先則護佑陽世子孫，常行善道遇難呈祥，陰陽合作再加上引導神的力薦，個人的事業或家族的興旺自是指日可待之事。

「祖庭超薦」和一般宗教儀式的立意大相逕庭，例如台灣人大都信奉淨土宗，淨土宗的概念就是透過阿彌陀佛的慈悲，將祖先靈體接往西方淨土修行，所謂的淨土是指阿彌陀佛的國度，根據祖先生前的功過和信仰度，依照階級區分爲上三品、中三品、下三品，但要被接往西方極樂淨土，要視此人生前對宗教信仰程度的深淺而做區分，若此人生前並未信仰佛教，靈魂離開肉體的那一剎那，他看見佛光是會產生畏懼的。

試想一下，若你一人迷失在黑暗的空間中，會有多麼的膽顫心驚？這時候你最希望遇見誰？當然最希望出現一個你認識的人與你作伴，當一個人臨命終彌留之際時，隨侍在旁的家人常會聽見他口中念著他逝去的父母、親人、鄰居來接他了，很少聽見有在喊說他看見菩薩來接他，這意謂著一個人最後即將走上孤獨之路時，他內在的潛意識是接近他曾經最熟悉的人事物環境，我們將它稱爲「**回歸祖庭**」。

不管是誰，回歸祖庭是每一個人最大的心願，而祖庭的榮衰卻也關係著祖先和子孫之間的富貴貧賤，白話來說，「祖庭超薦」就是請引導神作主，將有功勳的祖先提拔爲神祇，在引導神的麾下跟著引導神行功造德，所積累的功德一方面幫助自己一方面幫助人世間的子孫，這才是所謂的「祖德流芳」。

辦理時間

辦理日期在每年冬至前後。

所需準備的四品禮物

1壽生蓮花108朵（自製或買現成均可）。

2往生蓮花108朵（自製或買現成均可）。

3天公金2刀。

4天金2刀。

5尺金2刀。

6叩答恩光20支。

7大箔壽金10小包。

8福金40支。

9壽金20支。

10刈金80支。

11蓮花金2刀。

12蓮花銀2刀。

13補運錢100支。

14天庫120支。

15地庫120支。

16水庫120支。

17天錢300支。

18地錢300支。

19水錢300支。

20庫祿6箱。

21財子壽100支。

22丁財貴100支。

23如意金元寶1080顆。

以上四品都是最低數量，需向引導神請示所報四品是否圓滿，請示擲筊時一次聖杯，若有出現「蓋杯」或「笑杯」時，表示某些紙錢數量不夠，只能夠逐一擲筊請示，直到全部「聖杯」爲止。

若請示時一直都是蓋杯，就要請示是不是「報祖恩」或「赦祖業」辦的次數不足，若說是，則等明年再重新辦一次。

雖說辦之前都有請示過，但也發生過辦理時又說需重辦一次的事情，我在帶客戶辦時也發生過幾次這種情況，一次是客戶隱瞞家中有直系長輩過世的事情，在家喪期間就無法辦理「祖庭超薦」，需再等一年至三年才能辦理；另一次是祖先雙姓，兩姓祖先都搶著要辦，不知要辦哪一姓，後來只好再辦一次。

有些祖先的功勳高，辦過「祖庭超薦」後，也會成爲引導神一員，操辦自己子孫補財庫或赦因果等事。

所謂成爲引導神一員在此解釋一下，一般人都以爲神號是指同一個人，例如你在甲地接了媽祖爲引導神，便自然的以爲乙地的媽祖，就是你所接的引導神，又或者在甲地接了玄天上帝爲引導神，便認爲任何一間廟的玄天上帝便是你的引導神，其實這是一個錯誤的觀念。

「神號」是一種職稱，就好像整個台北市劃分爲好幾個區，每個區都有一個警察局，每個警察局都有一位局長的意思。又好比北港奉天宮的媽祖，分靈至台北的某宮，並不表示在北港的那位媽祖靈到台北去當媽祖，而是說北港的媽祖派了另一條靈到台北當媽祖立廟受香火供奉，而這條被指派的靈具備了媽祖的功德，因此受封爲媽祖。

多年前有位媽媽來找我，她二度就業進入壽險業界但績效一般，於是問我能不能幫她找引導神助她一臂之力，找了幾家廟的媽祖都是笑杯，後來其中一間廟的媽祖給了靈感，說她要去找她外婆，外婆就住她家隔壁，我便問她住家附近是不是有廟，她說有一間挺大的媽祖廟，我跟她說妳的外婆在那當媽祖，妳去擲筊問她願不願意助妳，她聽後有點狐疑，覺得不可置信，她說那間廟二百多年歷史了，她的外婆不到兩百歲，怎麼可能去當媽祖？另外，在她的認知中，神是偉大的，人怎麼可能去當神？

天地人三才中，天指的是神，地指的是鬼，神爲純陽之體，鬼爲純陰之體，兩者都沒有肉體，而人是陰陽俱存，肉體爲陽，靈體爲陰，生前若是行功造德，死後只剩靈體，依生前所做判定入陽地成神或入陰地成鬼，因此，人死後失去肉體，雖說一般認知是成鬼，但也有成神的，只是行惡者眾行善者寡，沒有達標就依因果業力繼續輪迴。

這位媽媽生性積極，沒多久就回覆我，她去問了，連擲數筊都是聖杯，讓她驚呼連連，此時她才慢慢回憶起國小之前，父母在外工作，總是將她寄放給外婆，外婆略懂草藥常常施藥救人，終年茹素與人無爭，在鄰里之間頗得人緣，她越想越覺得外婆可能眞的當了媽祖。

我告訴她不用懷疑外婆是否眞的當了媽祖，既然她願意當她的引導神，最後的驗證就是在媽祖的幫助下，是否眞的改變了她的人生，她從善如流一心膜拜，家人對她的工作由原本的遲疑改爲支持，而她也很爭氣，花了不到三年的時間，便成立了自己的服務處。

世間萬物隨時都在變化，只是你身在變化中渾然不覺而已，必須經過某段時日，靜心憶往前塵，才會有「早知如此，就不做了」或「幸好當時這麼做了」的感嘆。

辦理當天的膜拜順序

有關冬季「祖庭超薦」的拜拜程序，和夏季的「赦祖業」是相同的，讀者們可自行對照參仿。

其實大部分的拜神程序都是一樣的，只是辦事的內容不同而已。抱著虔誠篤信的態度，不計辛苦繁複的請示，最後必得到一個最圓滿最有效果的「個人法會」，定遠勝於你請人吹笙撫琴唱經。

我曾接受過一位讀者的諮詢，問了我無數擲筊（打卦）、紙錢數量等問題，我鉅細靡遺的花了近一小時回答他，最後他回覆我憑感覺做就可以了，不用如我說的這般繁瑣。但我只想說，怎麼拜神、用什麼儀式、花什麼紙錢，這些都沒有對錯之分，只要能拜出效果那就是王道，如果他只是憑他個人的感覺，原則上我當然予以尊重，但浪費別人的時間卻是很不可取之事，我在書中所寫的膜拜方式，都是在我勉力學習、實踐的認知中，釋出個人最大誠意請求神尊襄助，但願讀者們也以同樣的心情尊敬神尊請求協助，不要隨意用「感覺」輕蔑也許想幫助你的神尊。

辦好後同樣還是要答謝引導神或該廟，要請示需多少廟金或功德金。

常常都會有人問，書上所寫的拜拜辦事，究竟要辦多少次？

我的看法是一輩子都持續辦最好，大部分會買這本書來看的人，大多是抱著發財轉運的心態來的，而我書寫的角度也一直朝著滿足人們的願望，但換個角度來說，如果我問你：「你打算發幾次財？」我猜，絕不會有人說一次就好。

財富是福報之一，福報是由功德轉換而來，大功德得大福報，小功德得小福報，但功德又如何而來？以今世而言，轉換福報得功德是由自己的前世所爲而來，再加上所投生的家族貴賤而來，但大部分的人缺少「轉換器」的認知，因此不曉得如何由貧轉富、由賤轉貴，而引導神之說，即是提供轉換的方法之一，既然選定這方法，便要互信、互助，依引導神的指示同登富貴大道，因此，拜神轉運是一輩子的事而不是幾次的問題。

寫本書時又想到一個祖德救子孫的案例，在此分享給讀者。

在上海時，認識了一位台灣客户，當時他很年輕大約三十六歲左右，他說他從大學畢業赴國外讀書之後，便一直在國外的公司上班，有幾年在法國有幾年在比利時，時光荏苒不覺就過了十多年，後來公司派他到中國，他便開始了中國的職業生涯。但當他來找我之時，他已經失業半年了，他不明白他爲何會失業，他做事一直都是兢兢業業誠惶誠恐，但公司對他始終不予肯定，好像有人從中作梗似的。

我便帶著他請示神明該如何幫他，神明指示要他先辦「接祖德」，先用祖德幫他接事業運，這和平時辦他人的案例有些不同，一般辦這種失業的事情，大部分都是從三赦辦起，爲何他是從接祖德辦起？他又有什麼祖德？這引起了我的興趣，便再請神明清楚指示。

神明指示的內容經確認後如下：他的祖先在日軍侵略時（估計應是他的曾祖父），有一次領兵戰敗逃入四川某個村落躲避，沒多久日軍要來轟炸這個小村落，他的曾祖父率領著所有兵將和村民翻山越嶺躲避日軍攻擊，使得全村人倖免於難，曾祖父繼續帶著兵將離開村莊爲國效力，村民們爲了紀念他的曾祖父，紛紛爲他立長生牌位，祈求他作戰勝利身體健康。根據神明的指示，長生牌位供奉至今香火不墜，神明打算憑著這條祖德幫他，但神明也說會在一年後由貴人指引，接他去走馬上任。

但問題來了，未來這一年他將如何度過？那時神明的指示只有四個字：另有安排。我將神明的指示說給他聽，問題是他現在已經面臨半年的失業期，未來的一年不是「另有安排」四個字可以讓他安心的，此時我也只能一番勸慰，告訴他神明所說的話從來沒有差池過，叫他安心等待佳音。

當天晚上他便打電話給我了，聲音中透露著難掩的喜悅，說他原來上班的公司主管聯繫他，說公司有個單位缺了一位主管，問他有沒有意思回來接任，那個單位與他原先的單位不同，客戶層級也有所差異，雖然他沒有太大的把握，但苦於連月沒有工作機會，他便硬著頭皮接下來，但他仍擔心業務無法達標，我安慰他若這是神明的安排，必有他的用意，叫他不用擔心，神明總不會推他入火坑吧。

又過了數週之譜，他又打電話給我，這次他是在從杭州回上海的高鐵上，他平靜的說，他昨天到杭州出差，去見一位其它同事都不願去見的大客户，公司排他去他也就接下了，但也不抱任何希望，就當作一次到杭州旅遊散心，沒想到今早跟客户相談甚歡，客户跟他訂了一款珠寶首飾，總價是一千六百多萬（這時我才知道他的部門是珠寶部門），客户先預付了三分之一的訂金，他說如果貨款全部到帳，他至少有百萬的獎金，他還說這麼久沒看到錢了，按理來說，身爲主管簽了這麼大的單，足堪同事表率，他應該要欣喜若狂才對，但他卻怎麼也高興不起來，彷彿一切都那麼順理成章，我笑說這是激情過後的平靜，要他繼續努力加油。

這一年中他很固定的來廟裡拜神求事，也很少提到公司的事，對我來說他沒提代表工作順利，我也就沒有提的必要，又過了一段時間，他說一年前神明說的接祖德一事好像有譜了，有家在四川成都的商場要找他去當總經理，但鑑於目前的工作都很順利，他覺得好像沒有換工作的必要，因此果斷的拒絕對方的邀請。既然他不願意去，我也不好說什麼，畢竟他現在的工作也很風生水起，又是國際大公司，是眞的沒有必要放棄現在的一切遠赴四川成都，此事後來就不了了之。

但又過了快一年，他又來跟我說，他的公司收購了成都的一家商場，他的老闆要帶他過去走馬上任，讓他專門負責貴賓級的客户，這次他不是跳槽，是跟著老闆過去開疆闢土，公司給他很優渥的加給，又配給他專車和房子，讓他幾乎沒有說不的藉口，於是他後來就整裝前往成都。

這事至今應該快四年了吧，神明當初所說的話在時間中逐步的應驗著，無論他的祖先是不是眞的救了全村的人，導致他冥冥中一步一步的接受命運的安排，最後落腳成都，甚至還認識了位成都姑娘，說不定很快就成爲成都女婿，最主要的還是得歸功於他自省的性格，以及實事求是的態度，使得祖德這件事在他身上獲得良好的證明。

地基主是
居家財神

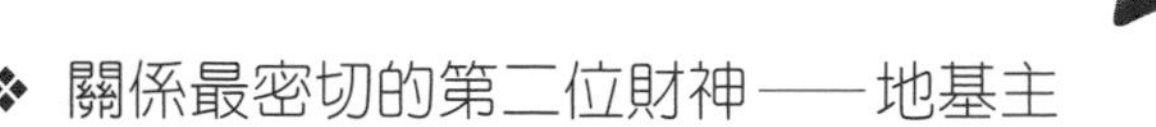

- ❖ 關係最密切的第二位財神——地基主
- ❖ 恭請「錢伯」鎮座家中
- ❖ 地基主和錢伯的不同
- ❖ 辦理「地基主封官晉爵」

關係最密切的第二位財神──地基主

祖先若是人生的第一大財神，與自己切身有關的地基主則應該屬於第二位財神，不管你現在所住的是祖屋、自購、租賃，都必將與你發生切身的關係。

直接來說，便是你能不能在此居住、能不能平安順遂，都要看地基主願不願意照顧你。

在之前的著作中曾經提過，民間建廟供奉的神祇分爲數種，其中一種是人們出於敬畏之心，怕無形的魂體作怪影響己身利益所祀，希望藉此謀得陰陽調和各得安居，例如村落中人們祭祀山神、河神，便是由這種心態而起。

而住家中的地基主也是這個道理，家是人們生活中最爲密切的地方，僅次於床（床也有床母），所謂的家人並不是只有你的父母、夫妻、子女，嚴格來說，當你與你的家人住進一棟房子時，你便會成爲這間屋子的地基主的家人，從此，地基主將影響著你在此居住期間的運勢好壞。

地基主是怎麼形成的？從氣場學來說，一物一太極，「物」是指空間、環境，「太極」是指周環於此空間的氣流，太極中有陽氣與陰氣，剛柔相盪才能產生能量影響居住者，一間屋子裡人進來了屬陽，屋裡原本的地基主屬陰，陰陽之氣在這屋子內交融，於是才有氣場吉凶好壞的區別。

從人文來說，一塊土地自無始以來就存在著，歷經千百年的過程，我們無法確知住過誰發生過什麼事，但可以確定的是有多少徘徊不去的陰靈在此盤踞，兇靈若發現外來者入侵，便要鬧事不讓你居住平安，便成爲鬧鬼，人居住於此便要事業財運受損、健康丕變、家庭失和；反之它若接受你入住，那麼就可以在此居住安居樂業平安順利。

要讓地基主同意你入住並獲得地基主庇佑的條件有三：第一、有福德之人；二、有緣之人；三、虔敬鬼神之人。

我出生在南部某個小村落，三、四歲時的玩伴中有一個年齡相仿的小男生，長得肥頭大耳，見到誰都憨厚的傻笑很得人緣，左鄰右舍對他也很好，那時只知道他的爸爸是我們這村的首富，小孩子對錢財沒概念，對於他爲何是首富完全不好奇。

幾年後我們全家搬到城裡去，有天媽媽和村裡的舊識談到了首富的事情，內容大約是這位首富姓魏，在我出生的前一年帶著懷孕的老婆搬到我們村裡，夫妻二人身無長物孑然一身，有好心的村民看他們沒地方睡覺，便告訴他們可以去一棟荒廢的老宅安身。

那棟老宅已經多年沒人居住，村民也提醒他老宅鬧鬼很兇，有人進去居住，天未亮就嚇得落荒而逃，據受害者說，老宅子裡有很多青面獠牙的厲鬼，到了晚上現身嚇人，村民提醒魏先生要特別當心。

魏先生急於找房子居住，雖說心裡有點驚恐，但迫於無奈只能帶著妻子前往，奇怪的是住了幾個月下來，竟然沒有村民所說的驚險鬼事，慢慢的也就安定下來了。

魏太太臨盆時生了一個哭聲洪亮的男嬰，留下來的胎盤按照當地民俗，便在床底下挖個坑埋起來，鄉下家中都是土夯的很容易挖開，魏先生挖了不到二尺，慢慢的發現土裡還參雜了一些木屑，而且越挖木屑越多，最後竟然挖出一副棺材，他嚇了一跳心想不妙，想要埋個胎盤竟然驚動了鬼靈，於是向棺材處跪拜三下以求諒解。

原本他想就此作罷另覓他處，但隨之又想，村民都說這屋子鬧鬼，但他夫妻二人卻居住平安，而且還一舉得男，想來是受這先人庇佑，既然有緣發現了，何不好人做到底將它重新安葬，以報答它賜住之恩，想畢他又繼續開挖，但讓他驚訝的是透過朽爛不堪的棺材蓋縫隙望進去，不但沒見到白骨屍體，反而見到了許多金條、龍銀塞滿了整個棺材。

魏先生運用這筆「意外之財」從事稻米、菸葉的銷售，沒多久就發家致富，不僅成了當地的大户，而且也樂善好施，鄉下多泥石路常令很多人摔傷，他也出錢出力鋪上柏油，這是將近六十年前的事，最近聽到的消息是第二代的魏先生，舉家遷徙美國，至今也是兒孫成群。

地基主是有智能的「異形」，憑藉著它的意識判斷居住者是否具備福德而給予相應的待遇，法界中有條定律，只要地盤是你的，神佛一律不得介入，地基主是「一屋之主」，地位遠大於「一家之主」，因此，它有權決定是否能讓你一家人在此居住安居樂業。

一對自稱有陰陽眼的母女，從台灣搬到上海來，到處找房子居住，但所到之處，房門一打開，透過她們的陰陽眼，觸目所及到處都是缺手斷腳怒目横張的厲鬼，嚇得這對母女奪門而出。

找了一個多月，終於找到一家入門空無一物的房子，這才安心的搬進去，沒幾天媽媽要去北京出差，留女兒一個人在家，當天晚上女兒洗漱完準備就寢，剛躺下去沒多久，透過床前的小燭光，隱約看見房門口站著一男一女兩個人，年紀大約五十來歲，女兒心下一驚立刻坐起，人影隨即消失無蹤。

第二天又是剛躺下沒多久，女兒又見人影闖入房間，又是昨天那個女人，男人卻不見了，女人手持著菜刀站在床前作勢要砍她，她心下大驚想要起身逃脫，但無論她怎麼掙扎，身體始終動不了，她閉目心想這下完了，索性閉著眼睛，打算隨對方要殺要剮，但過了好久依舊沒動靜，她偷偷的動了下手腳，發現手腳恢復自如，這一夜她如何也睡不著了。

隔天她來找我，說了這兩天夜寐受擾的事情，我跟她說這是妳們未經地基主同意，擅自闖門入住被地基主下馬威了，她不解的問，以前租房怎麼沒碰見這麼怪的事，會不會是那户人家的地基主剛「掛」沒多久？我回答她，那是因爲她和她媽媽自詡陰陽眼，看到啥就不經大腦的說出來，有被人家刻意修理之嫌。

我又說，地基主和妳沒什麼恩怨情仇，只是它不喜歡被陌生人無端闖入而已，和房東找房客一樣，它也必須看你是否有資格入住它的房子，根據我的經驗，越是不讓人住的地基主越有功德，所以也會挑的越嚴，但也不是沒有方法可以處理，只要好好的供奉它，不但不會把你嚇跑反而會幫助你住得安心。

從另一個角度來說，屬陰的地基主也需要人體的陽氣予以調和，因此，房子住久了爲何會影響宅主的健康、財運、感情等事，這就好比與人爲善，你釋放出好意對方也會善意回應，各取所需各有所得。

善待地基主增添它的功德，地基主也勢必回報你意想不到的圓滿。其實，不管人與人、人與鬼、人與神之間的相處，都是同出一轍，你付出了眞心實意，凡事不以利益爲優先，而是本著惜緣爲基礎，那麼宇宙間的善緣能量必將輻射至你周遭，心中所求的諸事豈有不圓滿的道理。

女孩聽了我的話，問我該怎麼與地基主圓滿相處，要念什麼經迴向給他？我反問她怎知地基主生前是什麼宗教的信徒？另外，念了經怎知它接不接受？再者怎知地基主在你居住期間，就一定會因爲你念經而去幫助你？

所有與神、靈溝通的方法中，我個人的拙見就是燒紙錢最有效果也最爲快速，紙錢雖然是中國人的東西，但卻放諸四海皆準，透過神靈的助力，將紙錢焚燒後，火的能量將紙錢的能量轉化爲地基主所需的各種訴求，而靈與不靈將在三個月至一年間顯化出來，能夠讓你直接感受的才叫奇蹟，而奇蹟是你憑著誠心厚積薄發的成果。

女孩回去後按照我的方式拜地基主，她的媽媽也極其同意我的說法，在兩年的租賃期間，母女兩人各自的事業都有令人滿意的發展，要搬到北京的前幾日，女孩還夢見那位對她怒目相向的女地基主前來向她作揖，離情依依讓女孩心裡也滿滿不捨。

搬家那天，離開家門後，媽媽對她說：「剛才出門時，有兩個一男一女的老人，站在家門口看著我們離開，好像在爲我們送行似的。」

人生到處知何似，恰似飛鴻踏雪泥。人生也處處是機遇，只是看你用什麼心態面對，本著與人相扶相持的精神，不管到哪兒都會有貴人、神靈相助。

一般常見的拜地基主，都是用雞腿便當奉祀，**本書中所提的拜法是拉提地基主至財神的位階，除了居住平安之外，同時也具有升官發財的互助效力**。

拜地基主的地方有兩種可供選擇，一種是在自家門前燒化紙錢，此種方法僅限於少量紙錢，若是大量紙錢，就建議到引導神的廟去奉化，但必須保證引導神的廟可以燒紙錢。燒紙錢一事在台灣越來越難，但礙於法令規定，也只能各自想辦法解決，很不能理解的是燒紙錢的金爐現在大都已經環保化，相關法令爲何還是無法有所通融。

另一種方式便是將紙錢拿去附近的土地公廟，在徵得土地公同意後，將拜地基主的紙錢放在土地公廟奉化。住家附近的土地公廟管轄著每一間住家的地基主，在這裡要注意的是，土地公管轄地基主，但並不介入屋主與地基主間的因果關係，土地公只負責轄區內的大小事情，整理彙報更大的神靈，藉此分辨每個人的是非功過扶正驅邪。

要拜地基主之前，要先請示地基主何時拜、拜多少紙錢，關鍵是你自己本身要量力而爲，不要乞丐發大願，發了自己做不了的願，屆時心理壓力太大自討苦吃。拜拜的前提是不慳吝不過度，一切事物讓它在最自然的情況下發生，那麼所有好事的到來便能順理成章，不要一開始就信誓旦旦說每個月拜一次，對於持續力不足的人來說，沒多久就會變成不得不做的壓力，拜拜是開心且幸福的事，抱著感謝神祇庇佑的心，所獲得的力量才會驚人。

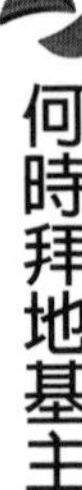

何時拜地基主

請示地基主時，可在家中客廳或廚房，手拿著筊杯對空默念：

> 奉請本宅地基主在上，宅主×××（你自己的名字）一家人自從遷進本宅之後，蒙地基主庇佑，大小平安事事如意，今日爲答謝地基主護佑，更求陰陽調和冥陽兩利，擬奉化四品答謝本宅地基主，今日特來擲筊請示，每月一次備辦四品奉拜地基主，若蒙恩允奉請賜一聖筊。

多久拜一次完全根據你自己的需求和能力考量，文中寫每月一次，但也可改為「每年五大節」或「三個月」或「四立日」各一次（四立日即：立春、立夏、立秋、立冬當日）。

我的作法是每月一次，且明定是每月第一週的週日，當日將託辦者和我家的地基主四品，一起在廟裡請引導神作主奉化。

剛開始時還不是很適應每月第一個週日拜地基主，往往就漏拜或往後拖延幾日，有一次又漏拜了，也沒有想起來，晚上睡覺時便看見一群人，隔著鐵欄杆對著我喊說：「我們是某某小區的居委會，我們限定你三日內到居委會報到，不來的話不會有好消息。」我陡然從夢中驚醒，又真實又似夢，想了下才突然想到這個月漏拜了地基主，人家來催債啦，不覺噗嗤笑出聲來。

隔天便備好四品前往廟裡，向引導神稟報此事並補辦地基主答謝，此後，若不是要出差或返台，必定行禮如儀月月不漏，在上海近十年，並非每件事都稱心如意，其中也有偶遇旮旯困頓之事，但每次均能大事化小逢凶化吉，心裡無不感謝家宅地基主的冥冥庇佑。

拜地基主需準備的四品禮物

問好了拜拜的時間之後，要記得說清楚在哪裡燒紙錢，在家或在廟裡都要說清楚講明白，人與人之間講信用才能合作得久且長，對待鬼神更應如此，你只要照說照做，鬼神也絕不欺你誆你，你要的錢財、健康、感情，對神鬼來說易如反掌，而它要的只是你的誠信，若連這個都做不到，就遑論要如何努力改變自己的運勢了。

拜地基主的四品不多，需要的是更多的耐心、恆心和歡喜心：

1 壽生蓮花24朵（以上，每6朵爲一基數）。

2 往生蓮花24朵（以上，每6朵爲一基數）。

（詢問蓮花數量，擲筊時從24朵問起，若不夠則每次加6朵開始問，例如30朵、36朵，問至聖筊爲止。）

3 福金20支。

4 壽金10支。

5 刈金10支。

6 黃錢10支。

7 白錢10支。

8 巾衣10支。

9 甲馬10支。

10 蓮花金2刀。

11 蓮花銀2刀。

12 補運錢10支。

13 壽生元寶1200顆。

14 往生元寶1200顆。

以上四品是以在廟裡請引導神作主辦理所奉拜，因此要向引導神逐一稟報上列紙錢數量，稟報的同時，家裡的地基主也會到場聆聽，並於燒化後領取，不用擔心地基主是否收得到等問題。

若是在家中辦理，則要備妥供品，簡便的作法就是買個雞腿便當拜，同時向地基主稟報紙錢數量，並擲筊請示所備四品是否足夠，若是全數聖筊，則可在自家奉化或是稟明地基主後，攜帶至土地公廟借爐奉化。

不管是在引導神廟裡或是土地公廟奉化，須記得事後要用廟金答謝神祇相助，所用的紙錢也必須事先在紙錢上下左右四邊按下指印。

常有讀者問我，爲何要在整支紙錢的四周按下指印？主要是因爲廟裡信徒眾多，紙錢容易分不清楚誰是誰的，所以蓋上自己的指印以資證明。

蓋指印也是有講究的，男士用左手大拇指，女士用右手大拇指，取男左女右以符合陰陽之道。

恭請「錢伯」鎮座家中

我最初來到上海時，是以爲人屋宅勘輿、卜算命理爲業，上海乃至中國各地是塊老土地，上下五千年兵燹禍事時有發生，災難不斷死傷不計其數，每每聽到凶宅、房子異事連連，都是常有之事，每至業主宅內總有一股異樣的氣息撲面而來，累積多年的經驗後，便知道那是地基主的氣息。

氣息若是和緩流通隱約帶有芳香之氣，不用勘輿約略便知此地是福地，但氣息若是停滯而有窒息感，又彷彿帶點難聞的氣味，那就表示此地的地基主先天欠缺功德後天又乏人祭祀，心有不甘以至於空氣中充滿混濁之氣，這就好比一個人的呼吸系統，當一個人的身體健康時，呼吸不僅通暢而且吐氣溫潤，令人聞之愉悅，反之則呼吸不暢鼻塞氣阻，不僅旁人掩鼻而逃自己也怎麼做怎麼不舒服。

風水勘輿是透過屋裡動線試圖改變氣場動態，但只是治標不治本的方法，真正釜底抽薪的方式就是運用祭祀的概念，改變地基主功過的比例，則自然可以改變這股先天之氣，輕則家居平安重則依據個人福澤予以升官晉祿。

居家拜地基主之外，進階的方式便是拜「錢伯」。

地基主有可能是錢伯也有可能不是錢伯，若地基主不是錢伯時，若想請錢伯至家中鎮坐，就可請引導神作主，先擲筊請示引導神家中是否可以安奉錢伯，聖杯一次即可。

接著再問是否可請家中地基主當錢伯，若是一次聖杯，則家中地基主則升格爲錢伯，若是一次蓋杯，則請示是否請引導神引薦辦理，若是一次聖杯，即可準備奉拜的四品禮物。

兩者不同的是，若錢伯是家中地基主升格，則奉拜時一起辦理即可，不需另外再準備四品禮物；若兩者爲不同神祇，則要分開辦理。拜地基主的時間如上所述，**拜錢伯時則須選在立春、立夏、立秋、立冬當日各拜一次。**

拜錢伯需準備的四品禮物

1 壽生蓮花3朵。

2 往生蓮花3朵。

3 福金20支。

4 刈金20支。

5 黃錢10支。

6 白錢10支。

7 巾衣10支。

8 甲馬10支。

9 壽生元寶600顆。

以上四品數量爲基本數，憑此請示引導神夠不夠，若是不夠再逐一請示。例如壽生蓮花3朵不夠，則再加3朵直至聖杯；福金20支若是不夠，則5支爲一單位逐次請示。在家中拜或至廟裡辦的方式同前文所述。

地基主和錢伯不是同一人的例子很多，也許有人會質疑地基主是房子的主人，從外面請一位錢伯進來，豈不是越俎代庖乞丐趕廟公？兩者可以和平共處？就因爲有這問題，所以才需要委請引導神從中協調，如果地基主的功德不夠，不足以幫助屋主的財運，那麼引導神就會從你的祖輩中，尋找符合資格的先祖來當錢伯，地基主知道了靈體可升格的可能之後，也會跟著錢伯學習升格之道，在引導神的居中協調之下，你、地基主、錢伯三者之間，是可以互助互惠的三角結合。

有位台商在江蘇鄉下從事皮革生意將近廿年，受到競爭和不景氣的影響，工廠經營瀕臨倒閉的難關，經人介紹找到了我，我前去勘輿了下，表面上並沒有太大問題，原因是當初設廠時就已經請風水老師佈局過了，但我卻發覺工廠內有股凝滯不去的氣團，神氣與濁氣交相混雜，後來相談之下才知設廠整地之時，在地下挖出數十具無主屍骨，地主當初不以爲意，只將他們齊聚一處便將土地租給台商，台商承租不久便開車撞死人，他立即返回台灣問神，神明指示是因爲整地時，沒有好好供奉那群無主孤魂所致。

他回江蘇後，便動手在廠房旁邊蓋一所小廟，將那些枯骨全數供奉於廟內，並請來三太子坐鎮看守，如此過了十年，倒也風平浪靜，雖不致大富大貴但也平平實實的度過十來年，只是這幾年生意越來越不好經營，每每都是抓襟見肘風雨飄搖，台商自認該做的都做了，但生意是一年不如一年，所以才找我來看看。

我當時認爲問題應該還是出在那群無主孤魂上面，雖說已經立廟奉祀，但並沒有定時定量奉化四品，他們才是那片土地的主人，卻被請去旁邊「關著」還派三太子看守，他們無法有所作爲，時日一久陰陽之氣缺乏輪動，便影響了台商在此營生的運勢。

我提供了解決之道，便是將該廟改成錢伯廟，每月一次奉化四品，請這一群地基主和錢伯陰助陽，使得廠內的陰陽之氣可以流通，經擲筊請示獲得他們的同意，一個月後台商打電話告訴我，雖然生意沒有大起色，但那幾天被積欠的貨款竟然「奇蹟」似的主動歸還，再兩個月後，台商又告訴我工廠接到了關鍵性的一張單子，致使他們被動性的由無品牌工廠轉爲大品牌的代工廠，同時他們也開始思考如何轉型從事精緻化皮革業。

一顆種籽被種在土裡，先從種籽裡冒出來的是土裡的根，等根長齊了第一片綠芽才會從土裡冒出來，被你看見也帶來希望。最難熬的是你看不見根在土裡生長，以爲所做的一切都是徒勞無功，凡事都需要歷經時間的流程，把該做的持續做，剩餘的時間用來等待，自然會看到努力的成果。

如同台商這個案例一樣，剛拜之時絕不可能立刻看見成績，但爲了解決他的燃眉之急，便必須先從舊債引流幫他紓困，然後在既有的事業基礎上，幫他找尋可轉圜的生機，這樣的安排完全符合自然規律，不僅速成也持久，可說是正信的執著，若自己什麼都不努力，只是憑空希望神佛幫助，這便是執拗的迷信，即使一時可得也轉瞬鏡花水月。

地基主和錢伯的不同

地基主和錢伯都是屬於家宅之神，但稍有差別的是地基主是所謂的地縛靈，也許在長久以前，他便因某種因緣流連該地不肯離去，縱然他不肯離去，但因升格的功德有限，因此居住者為求在該地居住能平安順遂，便尊稱祂為地基主祀之。

錢伯為地藏神靈，職守大地之財，因此每個地方都有錢伯之靈，轄於地藏福德正神之下（作者另書：《這樣拜土地公才有效》有介紹福德正神區分為天富福德正神與地藏福德正神），因此錢伯也可稱為準福德正神，是準備功德俱足拔擢為正神的神祇，如果你很有福報，所居住的地方正好是錢伯當值地基主，那麼居家求財就更爲快速方便。

若是你家的地基主只是一般的地縛靈，那麼你也可以每月固定拜一次，俗話說「神幫人、人幫神」，神與人本來就是互相幫助，你誠心的供奉祂，祂庇佑你居家平安，你家庭和諧事業興旺，地基主便因護家有功，可以上稟天庭拔擢神格，而你也因你的誠心供養，改變心志奮發向上而提升你的身分地位。

一旦你有所提升，要如何爲地基主上稟天庭求得官位？這時你便需要向你的引導神請示，是否可以爲現居地的地基主求晉升，若引導神同意，你便可以爲「地基主封官晉爵」請引導神代爲辦理。

上海的房租是每年在漲的，一般跟房東簽約大都是兩年，因爲第三年房東會漲房租，你若接受就續簽，若不接受就到期搬家，許多在上海工作的台灣人，面對持續漲價的房租，只能兩年、三年便搬一次家，弄得苦不堪言，有的爲了省房租只能越搬離市區越遠。

我有位跟著我拜神八年的客户，也被連年調漲的房租傷透腦筋，後來我嘗試性的要她拜地基主看看，但因大陸地區沒有拜地基主的風俗，我便建議她每個月到廟裡，請神明幫她辦理一次拜地基主，就這樣過了四年多，神奇的是她的房東竟然説體恤她是出門在外的單身女子，就不漲她房租，讓她不禁嘖嘖稱奇。

續租了六年都不漲她房租，任誰聽了都不會相信，第四年時我心有感應的對她説，拜地基主時不妨在禱詞中加請地基主幫忙，庇佑她可以在上海買房安居落户，如果心願得助必定請求神明爲地基主封官晉爵，她説好，她也希望在上海能夠有一個自己的家，她不求大只求有個自己的小房子。

此事又過了快兩年，又到了她房子即將續新約的日子，竟然有個同事因爲要回老家結婚，問她要不要買她的房子，客户原本擔心自備款不足，不太敢當下決定，但看過那個房子，裝修簡潔離她公司又只有三站地鐵的距離，正在猶豫時，同事說她不急著用錢，只要她先付一成的頭款，屆時向銀行貸款，不足的部分就當她私人借貸，分期攤還就行了，這簡直是天上掉下來的餡餅，不撿起來就眞成了傻子，雙方約好時間便把約簽了。

當時她還欣喜雀躍的對我大吁一口氣，說她在上海快二十年了，前十年所賺的錢都花在精品上，身上所剩無幾，根本不敢想像她會在上海置產，沒想到有朝一日事竟成，她滿口的感謝，謝引導神、謝地基主……

半年後她終於搬好家了，過沒幾天她神祕兮兮的跟我說：「老師，我告訴你一個祕密……」看她神情嚴肅我便豎起耳朵準備洗耳恭聽，她說：「我懷疑我原本住的地方的地基主，跟著我搬新家了！」她抿著嘴極力壓住想笑的唇角。

我問她怎會有這種感覺？她說前幾天她做了個夢，夢見她以前的保潔阿姨（她壓根沒請過保潔阿姨）突然到她新家對家裡原來的保潔阿姨說，她現在要接手這地方，還要原來的保潔阿姨回公司接受新指派任務，夢到這兒她就醒了，窗外露出東方白。

她又問我如何能確知是不是地基主跟著她搬過來？她並不是對鬼神之說有興趣，而是她從台北到上海後至今，都是一個人居住，身邊沒有任何一個親朋好友，自從我告訴她拜地基主之後，不知不覺中她把看不見的地基主視爲她的家人，生病感冒她要跟地基主說，公司加薪晉級她要跟地基主分享，她捐錢給慈善團體，她也會跟地基主說這是以地基主的名義做好事，幾年間她已經跟地基主培養了感情，直到要搬家那天她才發現這事，懷著捨不得的心情跟地基主道別，心裡卻悵然若失，現在她做了這個夢，她把它理解爲地基主也捨不得她，所以她需要一個確定的答案。

無形的鬼神其實很難有明確的證據證明他們的存在，唯一最傳統的方式就是透過擲筊驗證，於是我陪著她請示神明，所問的每個問題都是聖筊，直到問及地基主不就是地縛靈嗎？怎麼會隨著她而遷居新地？三官這時都出笑筊，我們也不解其意，正在徬徨之際，我眼前突然浮現「錢伯」二字，這時我才若有所感，原來是她家的地基主在她的請求下，已經升格爲錢伯，行動不再受職權所限，因此可以跟著她遷徙新居。

我將這些推測一一請示神明，又再次獲得聖筊，事已至此已經很明顯了，她聽了之後，淚水濕濡了眼眶，她若有所悟的說，這眞的是神鬼有情勝於與人交往，她自信拜地基主期間一直都是誠心誠意，但她沒想到地基主對她也是眞心相交。

辦理「地基主封官晉爵」

現在就來說一說如何請引導神辦理「地基主封官晉爵」。時間可選擇在每年國曆九月廿二到廿四之間，去請示是否可辦理地基主封官一事。

首先，到廟裡焚香上禱如下：

> 拜請師尊在上，弟子×××，今日有事前來請奏，弟子經年累月膜拜家宅地基主，今日功德圓滿，請示師尊是否可幫家宅地基主封官晉爵，若是可以奉請明顯聖筊一次。

若是一次聖筊，即可繼續請示所需四品；若是出現蓋筊，則是時機未到，隔年再問；若是笑筊，則先休息十分鐘再問。笑筊的原因很多，但大部分的原因是祂必須調閱地基主功勳，這包含你居住期間是否行功造德也會同時被列入考核，因此需要給引導神時間查明後才能回覆你，此時不妨先休息下。

若是引導神回覆可以辦理，就可以繼續請示所需四品。

辦理「地基主封官晉爵」需準備的四品禮物

一、香花一對。

二、四品如下：

1 壽生蓮花36朵。
2 往生蓮花36朵。
3 大箔壽金10支。
4 環保福金20支。
5 環保壽金20支。
6 環保刈金30支。
7 黃錢10支。
8 白錢10支。
9 巾衣10支。
10 甲馬10支。
11 太極金一刀。
12 足百天金一刀。
13 足百尺金一刀。

14叩答恩光10支。

按此數量一一請示紙錢夠不夠，不夠的話則需要每項逐項細問，再予以增添，等到全數圓滿之後，將所有品項及數量敬書於紙上，**紙張可選用A4黃紙，用紅筆寫上**，文末需寫上引導神的名稱及你的署名，例如你的引導神是中壢聖安宮三山國王，文末就可以這樣寫：

奉請　中壢　聖安宮　三山國王　鑒納

弟子王小明上拜

拜神求靈驗沒有竅門，就是誠心實意的徹底執行，不拜就別問，一旦問了也給了指示，就要事無分大小鉅細靡遺，做到神明出聖筊說這樣圓滿了即可。有些人對於神明的靈驗度總會產生質疑，在質疑之前不妨先問問自己是否對神明的指示都做足做滿？天下沒有不勞而獲的事情，每一件事都需要自己親身參與才能獲得啓發。

此外，一般住家或店面的僅尊稱爲地基主，面積再大一點如工廠之類的，拜法也是一樣，但紙錢或許因場地加大而必須增加數量，而名號上則需改稱爲龍神或五方龍神。

我的客户在江蘇省的常州擁有一大片的工廠用地，前年客户驚恐萬分的跑來找我，平時她都委託我幫她辦理拜拜的事情，能勞駕她親自跑一趟上海，可見她面臨的事情有多棘手，她說她的工廠大概有二畝多（到底二畝是多大我也搞不清楚），先前她在她們當地找了個風水老師來開運，聽從命理老師的話，這裡修修那裡改改，但至今已經三個月了，有沒有開運尚不知道，但在工廠西南角已經發生過兩次火災，雖然沒有造成巨大損失，但她是經營木料生意，萬一火大了會造成不可控制的局面，那時的損失就難以估計了，問了她失火原因她也說不上來，因爲是木料工廠，所以工廠內部向來對火燭管控甚嚴，連工人要抽菸她都讓他們到廠外去，所以她壓根想不出來會有什麼原因導致失火。

於是便請示神明該如何處理，神明說這個工廠地處兩個氣場的交界處，一旦遇到流年交感，就會摩擦生出火花，因此必須祭拜龍神以平息氣場干擾，於是我便告訴她可買一些紙錢犒賞該地龍神，而且要在該地五個角落祭拜五方龍神。

她聽完後面有難色的說，別說是拜五方龍神了，就算拜一方她都有困難，因爲她的工廠根本就是嚴禁煙火，她是容不得一絲火花進到她的工廠內的，於是又再請示神明可不可以請神明作主，在廟內祭拜五方龍神，得到神明的應允之後，從此每個月在廟內辦理祭拜龍神一次，至今一年多了工廠又恢復之前的平靜。

去年底（二〇一九）她的孩子從國外念書回來，跟她拿了一些錢做起了日式三溫暖的生意，由於地處偏遠人潮有待聚集，開幕之初生意冷清，把她惹急了便跑來找我，我勸他生意剛起步，慢慢做就會越來越好，不用急在一時，她說她怎能不急，已經出手了五百多萬（人民幣），眼下每個月就是二百多萬的房租、人事開銷，她無論如何也要我幫她想辦法，我便又請示了神明，神明簡單俐落的回覆拜地基主即可。

才拜好第一次，客户就明顯增加了三成多，她的孩子打電話給我，問我紙錢能不能加碼，效果太好了，我勸他欲速則不達，加強服務品質提升客户的信任感比較好，他三溫暖的位置附近都是新興的辦公樓，還有許多棟豪宅，周圍只有他這家三溫暖，好好的經營只會越來越旺，不用加碼賄賂神仙（笑）。

但是花無百日紅，正當他們準備過年不打烊要好好大賺一筆時，卻迎來巨大的武漢肺炎災難，我心想才開業不過數月就遭逢巨變，實是始料未及，這下損失慘重了吧！因此不放心的打電話給他，準備慰問他一下，沒想到他卻一派輕鬆的說，一直到政府下令封閉各種公共場所之前，他店裏的來客量都有達標，但後來疫情擴大命令關店，那時他心裡咯噔的直落，想到每月二百多萬的租金，他臉都綠了，正準備盤算著要如何跟房東開口減免租金時，房東卻自己打來，主動說一直到政府下達解除命令之前，他店的房租全免，租約也按減免日期予以續約，這下他終於吃下定心丸好好待在家中避難。

但經過那幾天與朋友閒聊，他才發現他的房東並非對所有的租客都採取全免租金的優惠，應該說他是傳染病期間，唯一獲得租金全免的租客。他反問我這是不是拜地基主的緣故？我跟他說這是一定的，但他肯定忘了那幾年中，他隨著我拜引導神、赦祖業、接祖德等等的事，與其說是拜地基主的關係，不如說是他面面俱到的拜「財神」所致，我沒有深化這層道理，但我相信信仰的根已經深植於他心中，有一天他會恍然大悟的。

第四章 行年太歲 值守一年財運

❖ 拜太歲

❖ 解太歲煞與接太歲財

拜太歲

「太歲」指的就是在一定時間內，監管天地人事物的神祇，監值的時間通常是一個月、一年、十年、廿年。一個月的值守太歲輪值期大約是三十天，由於時間短通常忽略不計，十年或廿年的值年太歲，由於時間較長，大都用於風水勘輿或廟宇慶典之時，一般人較常使用的是一年，稱爲行年太歲或流年太歲。

所謂「太歲當頭坐，無災必有禍」，這句話原是在說房屋的位置與太歲的位置形成一八〇度的對沖位置，因此勘輿師用這句話告誡屋主，若有與太歲對沖時，一定要注意該年此屋不做裝潢翻新。由此可知，犯太歲一說指的是空間位置，不一定是在說人，因爲人是可移動的生命體，不是固定不移的空間。

太歲指的是木星，每年木星繞地球移動三十度，與之相對的位置就稱爲犯太歲，例如二〇一九年豬年的位置在西北北，相對位置就是東南南，生肖來說就是屬蛇犯太歲，因此，宮廟裡爲了增加營收，便將命理勘輿的術語拿來作爲經營的工具，每年因爲犯太歲而去廟裡點太歲燈的人絡繹不絕，爲了擴大經營，陸續將命理中的「刑」、「穿」、「害」也羅列至犯太歲的行伍內，以至於在豬年裡犯太歲的蛇、犯刑的猴、犯剋的馬等等都屬於犯太歲。

信仰是件好事，但含糊其辭不明就裡就是盲從迷信，信徒們有權利知道事情原委，透過自己的分析再決定參不參與廟裡的法會，而不是囫圇吞棗的被恫嚇。有拜有保庇我相信是眞實的，但若是不理清楚事情的脈絡，就會減少保佑的比例。

因爲訛誤之說深入民心，使得犯太歲的人內心戒愼恐懼，若要說得嚴重些，犯太歲不一定只是指當年度，在我的理解中犯歲破要三年，犯太歲只有一年。比如二〇一九年是豬年，屬豬的人稱爲犯歲破，歲破指犯了五行神，豬的五行屬水，因此從豬年、鼠年、牛年都要注意吉凶事情，因這三年的五行都屬水。

同理，馬的五行屬火，從蛇年、馬年、羊年三年都犯歲破；此外，屬金的生肖爲猴、雞、狗，屬木的生肖虎、兔、龍，歲破連犯三年，是大破或大立完全看這三年，有的人逢歲破成就功業，有的人逢歲破付諸流水，因此，歲破的力量鐵定大於犯太歲。

逢歲破和犯太歲是兩個不同的概念，如前所說，犯太歲指的是空間，嚴格來說人不犯太歲；逢歲破是指人的運勢重新回到原點，猶如一塊田地從休耕、翻土、播種、除蟲、收成之後再回到休耕等待翻土一樣。相比之下歲破的危害性一旦發作起來，其威力遠大於犯太歲，嚴重時惡疾、性命不保都是難以預料之事。

國人一向敬畏太歲，並且一貫的認為太歲是凶星，若逢之必定災難連連。其實這是一個錯誤的想法，太歲是指該年出生的人的守護神，世事都是一消一長、一捨一得，逢太歲雖然有難但也有福報，你可以換個角度想，太歲是個值星官值守一年，司管人間一年吉凶禍福，可見太歲不是凶神，祂也可以是司掌人間一年財富的福神，因此化完太歲災煞後，還可以接太歲財，這是一般人在拜拜祈福時較容易忽略的部分，因此在本書中的財神系列中，也把太歲視為財神之一。

一般人長久以來受到民俗信仰不是很正確的觀念影響，恫嚇、畏懼的心態已經深植民心不易改變，長期造成這種不良影響的原因，問題其實是發生在自己的無知又人云亦云中發生的，但這也沒有辦法，即使知道了習俗的矛盾之處，也不知如何改變，只能拿著香跟著一群人盲從，例如被太歲所震攝即是一例。道教中有六十甲子太歲神，祂的設立是基於保護、培育眾生而創，事物總是有陰陽兩面，太歲神不只是爲人消災解厄，另一方面則是增福納祥，長久以來人們固執於一面，卻也忽略了另一面的好處，想來是極爲可惜之事。

命理運算中有個人基本命盤，它受十年大運的影響（即是前面所提的十年太歲），十年太歲又受流年太歲的影響，因此有所謂的「流年是君、大限是臣、個人命盤是民」的說法，民受限於君與臣，而君又大於臣，也就是說流年的力量大於臣與民，因此可以想見流年的吉凶威力是如何巨大。

當值流年太歲如同帝王親臨視察民情，臣、民都需要聽命於祂，就如同炮火引信一樣，平常只是暗潮洶湧但不會發生具體事件，但只要炮火引信在當年點燃，就會產生吉凶禍福的結果。

「解太歲煞」就是祈請太歲神對當年不好的事情，能夠予以消災解厄，而「接太歲財」則是祈請在當年的好運上能夠加碼加注，而運勢的好壞是以個人本命的吉凶做爲基礎，當年運勢差流年不利，則大事化小小事化無，當年若是運勢強旺，則在此基礎上讓旺運更強收穫更多。

人們相信值年太歲具有掌控一年吉凶禍福的能力，實在是緣於古代交通不便，人們擔心出門在外或有驚懼恐擾之事，於是便寄福於上蒼，假託信仰之神威消災祈福，而且中國自古以農立國，農、漁業者爲求未來一年免受海難、瘟疫、流年欠收之苦，因此請託神明庇佑未來風調雨順五穀豐登，逐漸才演變對流年太歲的祭拜。

雖然現在號稱科技文明時代，但面對眼前諸多意外車險、瘟疫地震、天災人禍等，所有人仍有束手無策之處，每每到災難發生時緊急做亡羊補牢處理，但對發生之前的未雨綢繆仍然顯得處處不足防不勝防，因此禮拜值年太歲便成了長久以來流傳至今的民俗信仰。

大至國家社稷小至個人身家，面對無可掌握的災難，人人需要的是學習如何未雨綢繆以減少損失保住身家性命，亡羊補牢只是降低損失，但此時的損失已經在所難免，兩者相較自然是前者的時時警惕自勵勝於後者的回天乏術。

那麼應該如何警惕自勵以求自保？佛家說世界是一個幻境，心之所想即成幻化之物，人心之所向即成眼前事物，若人心皆善眼前即是一片太平景象，人心趨惡眼前景象即化五濁惡世，這是指大環境而言，個人的小環境則是如何建立自我的防禦系統，肉體上克服災難的稱為增強免疫力，靈體上也需增強免疫力，這種免疫力無以名之，姑且稱為陰陽調和。要求陰陽調和除了自己本身必須深明大義之外，也可借助宇宙間的純陽之氣入裡予以調和，拜流年太歲也是依次道理而生，人們心懷對高山大海崇敬之心、對蟲魚鳥獸懷抱仁愛平等之情，則可遠離災厄年年呈祥。

對於流年太歲的膜拜，即是出於人們對未來戒慎恐懼的心態而來，記得小時候住在鄉下，每逢春季各個村莊的廟宇都會有神明出巡繞境的慶典，主要就是祈求透過神明的神威（極陽之氣）鎮壓化解瘟戾病災（極陰之氣），久而久之人們對流年太歲便有了畏懼之心。然除此之外，流年太歲也司掌該年的吉慶喜樂，只是逐漸因人們的恐懼而淡忘，好的流年太歲也是該年的財星蒞臨，今日寫這本如何拜財神，便是要提醒大家心不遠求，先將周邊有利害關係的神祇禮敬供拜，遠勝於舟車勞頓勞民傷財的到處找神膜拜。

二〇一七年有位客户的結拜大姐說等她從韓國出差回來，要來與我認識，我提前跟這位客户要了她大姐的個人資料，別的先不提，就說她生肖屬雞，已經坐了太歲頭，再對照她的命盤，發現她當年有災禍臨頭，但因從沒見過面，我也不好對朋友說什麼，心裡盤算著等她從韓國出差回來，要怎麼告訴她這件事。

出差只是短短的三天，但三天後卻得到朋友的告知，說她的大姐出差前原就有輕微咳嗽，到了首爾當天晚上突然發燒，隔天就住進醫院，當天晚上病情大作又是喘不上氣又是肺部積水，一陣手忙腳亂搶救，在凌晨時分宣告不治。

我也不知道如果她在此之前，先拜解太歲是不是能夠讓她安然躲過一劫，世間的事物發展可能性有數百種，但結果只有一種，事後再做千金難買早知道的臆測，都已經於事無補，但在工作多年的經驗積累，相同的事情卻呈現好壞不同的結果，讓我深信若是有早做預防，事情至少也不會發展到不可挽回的境地。

人們接受長期訛誤的觀念，總以爲沖太歲的風險高於坐太歲，例如二〇一九是豬年，沖太歲的蛇會比較不利，那是長久以來人們把兩種觀念相互混淆的緣故。沖太歲是地域概念，人不犯太歲，影響性小甚至無，但坐太歲是指人的磁場引動，影響性大且長達三年，有句話說：「太歲當頭坐，無災恐有禍」，指的就是人事而不是地域。但**坐太歲也不是全然不好，它是大破大立的關鍵時刻，而**

拜太歲則充分發揮加、減的效能。從表面上來說這與廟裡點太歲燈幾無差異，但細細思考兩者的差異懸殊，重要的是你是否能夠釐清兩者的方向。

常有讀者問我，在廟裡點了太歲燈，還需要辦解太歲煞？信念從來都是你情我願，沒有硬性規定你必須要怎麼做，尤其是與你利益攸關的事，你認清了事情的本質，覺得有必要就去做，沒必要就不用做，我提供了一個拜拜的路徑，拜與不拜完全是看你對自己的關心程度而不是看他人的口號命令。

按照中國的干支記年法，總共有六十位太歲神合爲一甲子，但要找到自己出生年的太歲神並非易事，尤其是台灣的某些廟宇受限於廟地面積，無法一次容納那麼多神祇，若是要自己辦太歲，所去的廟宇若是有供奉太歲神，則直接請太歲神辦理，若是沒有太歲神則請斗母天尊作主，原因是斗母主掌中天，南北斗星宿皆由祂管轄。

但不管是拜太歲或是拜斗母，最好都是在引導神所在的廟裡辦理較好，幾乎在我寫的每本書裡，都會強調引導神的重要性，有了祂認證你和引導神的關係，在每件辦理的事情上，一定會比你經常性固定去拜某一尊神更有助益，例如你經常去拜天公，去的再多次也只是神尊與信徒的關係，若能經由祂認定你們的因果關係，並且同意認證你為祂的人，這種關係自然更進一步。全世界的宗教信仰也只有道教和佛教可以自由選擇引導神，主因是佛道兩教是多神體系，而天主教、基督教、回教都是單一神體制，而佛道的差異僅在於一是出世法一是入世法，我則多採用入世法再用出世法，下次若有機會再專門寫一本引導神的書介紹其差異性。

太歲的影響性並不是只指當年生肖的人，它泛指這一年所有人的吉凶好壞都受祂管轄，基於祂是當年的守護神，因此消災解厄自認是祂的職責所在，但迎祥納福也是祂的功能之一，只是傳承中的祭祀文化鮮少提及這一部分，但要知道，太歲神等同於當年度微服出巡的帝王，手控生殺大權，既掌生也掌死，既掌興旺也掌衰敗，太歲掌控人事屬於天機，而透過人的命理解釋可以略窺一二。

與太歲生剋最爲人注意的是「沖太歲」與「坐歲破」，前面已經提及只要本命無凶星坐臨，沖太歲的風險不是很大，而坐歲破時若是本命和名字的守護神不利，則沖犯太歲的可能性則會遽增。但反之，坐太歲當年度，若本命和名字不僅沒有沖犯，而且守護神威力強大，則不但無傷反而在此年有大盈利。

爲何在拜神中要提及命盤和名字?主要是爲了提升拜神的效

力，命盤是先天盤，名字是後天盤，意即你可以隨意改名字卻無法更動你的出生時辰，先後天盤一好一壞時，力量可以抵消，若一增一減時，就要看哪一方的力量強大，強者爲王弱者爲寇，運勢的強弱盛衰由此立判。而神力的介入是站在人的一方，扶正匡邪去陰掃毒力維中庸，陰陽兩股力道若是可以維持平衡，則人所求的健康、事業、財運、感情，就能夠自行產生而不用假託神力。但維持陰陽平衡的力道常常過與不及，因此才請託神力介入，所以常說拜神要用「心」，不是只有你用你的虔誠膜拜即可，虔誠的心裡面還要包含：接受、面對、破釜沉舟、全然相信，不悲不躁不疾不徐，萬事起頭難，沒有一定的時間過程很難體會此中的奧妙，唯有按部就班的接受冥冥中的神導，很快的你就會發現我所說的異妙。

解太歲煞與接太歲財

從立春後至春分之前，也就是每年大約二月三日到三月二十之前，都是拜太歲的好時機，約早拜越好，不要拖到尾氣才匆忙準備敷衍了事。這期間拜太歲分兩次，一次是「**解太歲煞**」，一次是「**接太歲財**」，拜拜也需要師出有名，每一年「解太歲煞」和「接太歲財」都有名稱，例如二〇一八年叫「解太歲平型關煞」、「接太歲平型關財」，二〇一九年叫「解太歲平流型煞」、「接太歲平流型財」；二〇二〇年叫「通財寶關煞」，不過這需要深諳太歲干支的法師才能辦，自己動手辦就直接叫「解太歲煞」和「接太歲財」即可，不拘小節但秉性懷誠也就足夠了。

一般的廟宇行事，通常在開春之際，僅團辦「祭太歲」，那是因爲民間長久以來流傳著太歲是凶星，必欲先除之而後快，殊不知太歲星是指當年度的值星神祇，不僅司掌災厄也同時掌控福祿，因此解太歲災和接太歲財同時做，才能雙向的消災解厄與迎接未來一年吉星蒞臨。

每年伊始在正月之際，通常先辦「解太歲煞」，再一週即接著辦「接太歲財」，取先化災再迎財之意，辦理太歲越早越好，不宜拖過清明或立夏之後。

「解太歲煞」所需準備的四品禮物

一、香花一對。

二、文疏一份。

三、紙錢如下：

1 壽生蓮花54朵。

2 往生蓮花54朵。

3 大箔壽金20支。

4 環保福金20支。

5 環保壽金20支。

6 環保刈金40支。

7 黃錢10支。

8 白錢10支。

9 巾衣10支。

10 甲馬10支。

11 十二元神20支。

12 本命錢20支。

13 解厄錢10支。

14 過關錢10支。

15 補運錢10支。

以上紙錢數量可於拜神時擲筊稟告，若是一次聖筊即可備辦焚化，若是出現蓋筊即代表所稟紙錢有部分不足，此時便要逐項請示。例如壽生蓮花不足，便問加6朵可不可以？若不行便再加6朵；或請示福金再加3支可不可以，若不行便再加3支，直至聖筊後再問下一個品項。

文疏可書寫也可口述，內容大致如下：

奉香拜請×××宮廟××引導神在上，弟子×××生於民國××年××月××日，現居×××（你所居住址），今日良辰吉時前來奉請師尊爲弟子辦理解太歲煞，奉請師尊庇佑弟子本年陰陽調和元神光彩，若蒙恩允作主，弟子定會行功造德答叩神恩。

稟告完後即擲筊觀看結果，若是聖筊則繼續稟告所備四品是否俱足，若是蓋筊或笑筊則重新再請示一次。若你此番誠意十足，通常都是聖筊過關，畢竟神威慈憫有求必應，端看你的誠心足不足夠而已。

等全部請示完成，便可去購買所需紙錢，約定時間攜往焚化。

「接太歲財」所需準備的四品禮物

一、香花一對。

二、文疏一份。

三、紙錢如下：

1 壽生蓮花54朵。

2 往生蓮花54朵。

3 大箔壽金20支。

4 環保福金20支。

5 環保壽金20支。

6 環保刈金40支。

7 黃錢10支。

8 白錢10支。

9 巾衣10支。

10 甲馬10支。

11 財子壽10支。

12 丁財貴10支。

13 壽生元寶1200顆。

14 往生元寶1200顆。

15 補運金條20支。

16 如意金元寶600顆。

作法和稟告內容如同前述，只是稍作修改，將「解太歲煞」改為「接太歲財」即可。

拜神辦事要不怕繁瑣，同時要備足誠心和耐心，這和平時到廟裡燒香拜拜有些許不同，平時到廟裡拜拜祈福，不管你拿多少紙錢焚化都沒關係，至少表達你的禮輕情意重，但請神幫你辦事時就馬虎不得，神明會依據每個人的需求不同，指示不同的紙錢數量，並不是如團辦時一視同仁的數量。而這就是個人辦理的好處，爲自己請示一份量身打造的紙錢數量，成效往往大於團辦的效果，就像你買衣服一樣，爲你量身設計的衣服穿起來一定比較合身舒適。

「解太歲煞」和「接太歲財」都是對該年的太歲星君進行祈求模式，前者透過祈求建立自我防禦系統，避免任何危險機率臨身，在危急時刻得以全身而退；後者則在一年的運勢中，祈求太歲星君在自己的本命運勢上再增添福納祥，例如在該年你註定年收入百萬，但透過對太歲星君的祈求，收入或可增加，或者減少不必要的支出，一樣等同於增加財富的蓄存量。

這種神奇的事情很難用文字表達敘述，純屬個人意會，如一位朋友所說的：「我眞的講不出來有多神奇，我一樣吃喝拉撒，生活品質也沒節衣縮食，每年出國三、四次，朋友們都勸我要存穀防飢，但說實話到了年底，我的存款數字還是增加的，我沒有特別摳門也沒特別揮霍，但比起和我同收入的朋友，最後我的年儲蓄還是比他們高很多。」後來他悟出一個道理，好像他們全家的病痛支出沒了、借錢不還的朋友沒了、酒色應酬沒了，新認識的朋友或廠商不但沒有喝酒應酬，甚至有些都還會互相介紹兼差賺錢的機會。他有時也會覺得奇怪，生活的方式爲何在不自覺中逐漸的被改變，而這種改變是以前他想變卻做不來的結果，於是，他樂於接受現在的生活模式。

有些人會問太歲星君有六十個，並不是每一間廟都設有六十太歲，萬一沒有他該去哪裡拜？

一切以引導神爲依歸，前面所寫的解太歲煞和接太歲財，都是請你的引導神辦理，不一定需要廟裡有太歲星君偶像存在，若引導神的廟裡設有太歲，可在請示好紙錢之後，前往太歲殿尋到本年太歲後，向祂膜拜祝禱，並告知你將在何時、何地奉化四品紙錢，請祂前來鑑納即可。廟內若無太歲殿卻有斗姆天尊殿，斗姆天尊統管六十太歲，也可向斗姆天尊稟明即可。

寫到這又想起一位朋友親身經歷的神奇事蹟，這位朋友原先在台北工作上班，後來因緣際會回南部養雞，老家土地多，他養了幾千隻的雞，有一年他回北部辦理太歲事宜，回家後沒幾天，他做了一個夢，夢見一位穿古代官服的女人，帶了一〇八隻金光閃閃的烏龜在他的養雞場內，他目睹這些烏龜爬入他的雞舍內，有幾隻爬入雞場旁的蓄水池內，一下子他就醒過來了，坐在床上納悶了好一會兒，他拚命回想那個穿官服的女人，有點面熟又想不起在哪見過，好一會兒他才確定是他辦太歲的那家斗姆天尊的面容，斗姆在他的雞場內放了一〇八隻金龜，想來應該是祥瑞之兆，因此他也沒再細想，只當是一件好事。

沒過多久有個雞販子來找他，說需要大量雞隻出口國外，想跟他談個好價錢包下他的雞，他盤算了下，雞販子出的價錢低於他的開價，但因他這人個性灑脫，對方又是第一次來和他做交易，爲了以後大家仍能維持良好關係，他便答應了這筆生意，幾天後雞販子便付清了價錢把雞運走了。

令人想不到的是，就在雞被載走後的隔天，他那地區竟傳出雞瘟疫情，而且越演越烈，有些雞場主人忍痛全面撲殺雞隻，而他雖然少賺了一些錢，但卻保有了他的雞場以及他的辛勞所得，趁著雞瘟災情期間，他索性休業帶著家人出國旅遊。

避過這場大劫，他心有所感的說：「人生經驗讓我深切體認到：努力工作、尊敬鬼神、行功造德，做任何事都一定會否極泰來。」說完他又向我深深一鞠躬，說他接下來的任務就是教養子女成爲有用的人，用他的餘生光宗耀祖。

我常把我的榮耀歸功於我的師尊，你也可以把你的榮耀歸功於你的師尊，並發願以師尊之名共仰神恩同登仙道。

常有人問我該如何行功造德，上段所述就是最基本的行功造德，謹守你的言行舉止，力求奮發向上造福他人，這便是對師尊最好的回饋。若社會上每個人都是如此，世界大同或人人均富便不再是夢想，你無法救世界上的每一個人，至少你救了你自己，在身心靈的提升上又邁升了一級。

請引導神
幫你補財運

神尊高坐殿堂之上，受萬人舉香膜拜，芸芸眾生所求各有不同，所願皆是神靈顯赫助其遂心滿願。神若有靈，按道理說應該是讓每個人都能心想事成才是，但爲何有些人說靈有些人說不靈？

神尊以一應百仍然不足以應付每個人的求託，現在假設神尊是靈驗的絕對值，那麼造成不靈的原因便可能發生在香客信徒身上，首先是香客信徒的態度，然後是所求的內容。

香客信徒的態度往往是事情已到燃眉之急了，眼看四下無人可以幫忙支援，所以才急匆匆的趕赴廟中求神相助，求助時又操之過急，妄想三炷香即可解決多年的債務問題。

求神的首要條件是「自省」與「懺悔」，抱著這種心態，用「恆心」、「耐心」、「信心」全然接受神尊的逐步修補，快則數日慢則數月，必能在你的事業或財運上給予彌補。

「快則數日慢則數月」的差距在哪裡?這是很多讀者或客戶常迫不及待問我的問題。原因有很多種，一般區分的通則是你現在有沒有可生財的工作或事業，有工作或事業的人好比一顆已經發芽茁壯的樹，爲何不能開花結果，只要找到原因立刻予以處理，大約在一週內就可以獲得解決，繼續成長茁壯。這裡面最大的成功因素就是祖業功德，從事這行業將近十年裡，十之八九在求神時，都會有祖先突然出現，表示要將生前所做的功德贈予子孫，助他一臂之力脫離難關，再者則是引導神施放功德。

若是眼前現下沒有任何工作、事業機會的，則會稍久一些，這時祖先的功德即使要施贈給子孫，也是困難重重，因爲你沒有生財的管道，祖先無從下手救援，而且祖先也無權改變你的因果定律，只能含悲看著子孫蒙難，等待這波因果了結。而這時你不妨求助於引導神，引導神會從中斡旋你的人際關係，在不破壞因果體制下，爲你尋得生機重新開始。

本文中說的神尊，指的是個人的引導神，不論佛教或是道教總有不勝枚舉的神祇受人信奉膜拜，但在我的拜神論證中，深刻的體會到終生拜一神強過四處拜神，就好比你只有一對父母，其它的人都是你的叔叔、伯伯，專心的拜一尊神，與祂成爲血肉之親，請祂指導你一生之中如何向上奮發、如何不偏不倚的作人，並學習祂的精神利世濟人，我常說引導神是我們靈性上的父母，由祂帶著我們飛越各種挑戰、挫折，直到飛抵圓滿的彼岸。

什麼是圓滿的彼岸？運用今世完好的血肉之軀，化解前世不好的因果業力，使得今世的努力有所回饋，並順利達成今世爲人的責任與目標，學習成神的精神，小則光耀門楣大則利益眾生，秉持這樣的精神不立惡業，與人爲善求得善因，到來世重返人間，必得富貴之身，興業安家必得貴人扶持。所以，我常說有一強而有力的引導神在旁，不求來世成佛，但求來世富貴，成佛者寡不如透過自己今生的努力，求一個來世圓滿的輪迴。

但也不是說只拜自己的引導神，其它神祇就不拜了，你一樣可以憑藉著興趣四處參拜各廟宇，只是對於一生只會去數次的廟宇，不用大張旗鼓的求大願，這是表彰一個人的自我修養與禮貌，貪得無厭的見神就求，易位而處，若你是神，你會同意他的請求？

一般時候入廟拜神，大多是請安問候爲宜，所以通常的禱詞都是說：「**以我師尊之名，在此恭祝本廟衆神香火鼎盛千秋萬世**」即可。這意味著你參訪該廟時，是會同引導神一起前往，這麼說的更深一層含義，就是引導神總是隨身護持你，而你也會在不知不覺中因時刻感覺到引導神隨時在旁，感到安全與自勵。

我朋友的媽媽和他的阿姨，年輕時好簽樂透彩，為了能抽中大獎不惜遠赴泰國求拜四面佛，向四面佛祝禱若能中獎，此後必定每年返回泰國答謝叩恩。

果不其然，回來後她們姊妹倆果然中獎——新台幣四千元，這下她們尷尬了，怪只怪當初沒跟四面佛求好中獎金額，這下所中的獎金連單程機票都不夠，那時她們年輕，只說求了就要如實的兌現承諾，就當作每年一趟泰國旅遊好了。

數十年過了，朋友的媽媽已六十多歲膝關節退化一年不如一年，巧合的是她的姊妹也發生同樣的症狀，泰國行便無法如約前往，至今她們姊妹倆都會異口同聲的說這是四面佛對她們毀約的懲罰。

這個例子只是要告訴大家，無法經常去的廟別亂發宏願，免得屆時因故無法履行時，會一心認爲受到神明的責罰，事實上不見得是神明的責罰，反而是自己對無法履行承諾的深切自責。

有關於如何找到自己的引導神，作者在之前的著作《好神引導，一拜見效》中有詳細說明，讀者若要自行尋找自己的引導神，可以依此脈絡而行，自己按圖索驥尋到後，竭盡心力的信仰祂、追隨祂、供拜祂必有奇效。

幾乎在我的每本書中都會提到的「奇蹟女孩」張小姐就是如此，她從台灣到大陸一個人奮鬥已近二十年，從青春活潑的少女到現在年近中年，大陸的就業環境汰換相當快，年過四十之後便受到無情的資遣，就這樣一事無成的捱過三年，三年內她求職四處碰壁，原先屬於台灣人的就業優勢，經過物換星移已經日趨沒落，她就這樣青黃不接的熬過三年，有許多人勸她回台灣，但她始終不為所動，現在她試著從保險從業人員入手，沒想到被她打出另一片天。

經歷了三年遊魂似的日子後，她說：「這是我來到大陸後的第二次失業，第一次失業時我的內心惶恐無比，每天像要發瘋似的，為此還服用抗憂鬱的藥。認識了師尊後的第一個禮拜我就找到了新的工作，這段時期我的生活、工作有如神助一帆風順，雖然最後公司還是解散了，但我拿到了多於其它同事數倍的遣散費可以安頓我的生活，三年來我就靠著它生活、拜神、旅遊，我的朋友看了都替我擔心，失業了怎麼還能過這麼優渥的日子？難道我不擔心未來資遣費用罄的日子？我也曾經問過自己，難道我不擔心？畢竟我經歷過第一次的失業，那次是一年舉債度日，而這次是三年，我真的不擔心？實話說我有擔心過，但內心真的不惶恐不擔憂，精神特別的穩定，就像颱風眼一樣，外部風起雲湧但我的內在卻紋風不動，彷彿我知道要如何度過這個劫難。直到有朋友找我去做保險，銷售保險需要地緣關係，我在大陸無親無戚，對一般人來說這是不可能成功的行業，但我答應去做只是不想讓自己每天遊手好閒，沒想到無心插柳柳成蔭，第一個月我就拿到公司新人獎，獎品是一部筆記型電腦，現在已經快一年了，別說我還在過蜜月期，每次評比我永遠是唯一一個「台灣奇蹟」。我的生活比以前充實，工作比以前踏實，我衷心的感謝我的引導神對我的不離不棄，是祂讓我在失業時不憂不懼，讓我在我的工作事業上受到許多人的幫助，神真的不是把錢變給你，而是給你可努力的空間順利賺得財富。

張小姐與我相識近八年，是我在大陸的原始客戶之一，如她所說，她在第一次失業後與我認識，前面四年她誠心的在神前悔過，祈求重新開始，從事業、財富、健康等等，她所得到的庇佑不勝枚舉，我曾開玩笑的對她說她的經歷幾乎可以寫一本神奇小說。四年後她失業了，而且沒想到這麼久，讓人佩服的是她依舊不改初心，每月仍然固定拜神辦事，現在她又重新活躍於她的職場，過著比以前更充實的生活。

拜神的目的從來都不是只爲了讓你中一張刮刮樂，而是學習神的智慧，讓自己的這一生圓滿的完成責任，並爲來世建構更好的因果循環。

當你請求一尊神明成為你的引導神，神尊答應你之後，祂便對你負有教化、協助的責任，祂如同你的父母、老師、朋友、貴人，在你力有未逮無計可施的時候，適時的提供機會協助，而重點是你對祂是否從頭至尾的信任，引導神從未離棄過任何一個祂應允過的人，只有人性的存疑、不信任而離開祂，但不管多久，只要你又想信任祂，祂依然在案前接受你的膜拜請求，只是重新來過的時間與物力必須由你自己承擔。

信仰是可以化為力量的，不只是淡而無味的心靈雞湯，就好比續滿能量的電池，可以讓你時刻化為最飽滿的力量，而財富的力量只是其中最小的發揮，這裡順便說一個與財運無關的小例子：

認識戴總時他已經七十二歲了，他是一位客户以前的上司，據說戴總是一家世界知名酒店中國區的負責人，退休已經十多年了，目前擔任數家酒店的顧問，按理說他一生順遂，臨老有家產有穩定的工作，應該什麼都不缺，沒有理由找到我辦事，但他卻跟他的老部屬說要跟著一起來拜神，成爲我拜拜客户中年紀最大的長者。

一開始自然是從他的身體健康著手，彼此間隨著拜拜次數增多而熟稔，有天他跟我說，他離婚了二十多年後便一直過著單身生活，唯一的女兒偶爾會從加拿大回來陪他過生活，但令他很苦惱的是二十多年來，他一直無法擺脫他前妻的糾纏，無論是彼此雙方認識的人事物或是金錢需索，對他來說總是如夢魘般的存在，讓他無法安心度日，於是他問我能不能請神徹底幫他斬斷這桃花，讓前妻不再來糾纏於他。

我對他說我不幫人斬桃花的，但可請神尊幫忙化解兩人間的恩怨情仇。這是一個比例問題，男女熱戀時恩和情的比例增加，使得雙方罔顧彼此的怨、仇，等到相處一段時間或是共結連理之後，比例改變，恩、情驟降，怨、仇陡升，用斬桃花的方式處理只是治標不治本的方式，而調節恩怨情仇的比例，會使得即使斷了夫妻情緣也能繼續像家人、朋友般的相處，他聽了我的說明後覺得有道理，便在我的陪同下請神尊作主，幫他調節與前妻間的恩怨情仇。

事過兩週他又來廟裡找我辦理祭祖，其間他幽幽的跟我說，他現在心裡有件事一直放不下，他說最近他前妻聯繫他，說她認識了一個男朋友，話裡說了男友對她般切照顧的濃情蜜意，這使得他相當不悅與憂心，他擔心前妻識人不清被男友騙財騙色，一直說他要想個辦法提醒他前妻。

我當時心裡又好氣又好笑，這不是神明顯靈了嗎？當初他口口聲聲說前妻糾纏了他二十多年，很想除之而後快，怎麼才兩週的時間，他反倒擔心前妻受騙？我不禁促狹的問他：「戴總，當初到底是誰對誰糾纏不清的啊？」

拜對了一尊引導神勝過於你披星戴月拜每間廟，人生中的大事不外乎健康、事業、財富、感情，對一個有責任感的人來說，大多脫離不了這幾個範疇，沒有人能夠放棄其中任何一項，至死方休，對我來說這才是修行，以自己難得的身軀投入這場有意義的旅程，才不枉費這世爲人。但每個人的出生根基不同、家庭背景不同、所受教育不同，很難在同一起跑點上公平競逐，所謂修行在個人，放棄與人攀比的心只與自己競逐，讓自己比過去更好爲未來奠立基石，必須從現在做起，而引導神的功能就是輔助現在的你消弭過去的錯誤，強大你現在的環境，爲下一世爲人做足準備。

曾有個女性朋友，自稱有點通靈能力，她對我說她是天公玉皇大帝的女兒，玉皇大帝對她說，祂已經等了她五世，她喜不自勝的津津樂道著，似乎很樂於有個當玉皇大帝的老爸，只是她輕忽了等她五世的意思，簡單來說便是給了她五次轉世的機會，她依然執迷不悟，這到底是該驕傲或是該羞愧？

即使她是玉皇大帝的女兒又如何？她一樣要面對工作困頓、婚姻瀕臨破裂、健康警訊亮起的危機，所有的歷劫都必須靠自己的智慧與勇氣強渡關山，並不會因為妳是玉皇大帝的女兒而有所減少。其實不只有她是這樣的心態，有許多人也都抱著這樣虛無的想法，逃避眼前的一切問題，其實問題不難解決，難的是下決心的那一刻，以及至最終，是否都初心不變。

引導神的重要性就在這時候產生，祂會讓你在遇到棘手問題時，讓你用對的方法及對的人讓你迎刃而解，祂不會為了你去改變事情的困難度，而是提升你的解決能力，如此一來，你就不會在這一場成長教育中一無所獲，解決問題的同時，心智、經驗也有所提升，這才是引導神庇佑你的眞正目的。

前面內文中已有提到，賺取財富對神來說輕而易舉，祂也可以直接給你一筆財，但你的人生得到什麼？人的一生要學習的是靈魂淨化而不是家財萬貫，神可以直接讓你家財萬貫，但祂最終要幫助你的是將你調理爲一個有用而善良的人，能繼續秉持祂的意志去幫助和改變其他人，最終讓人人心智提升個個富裕達到人類共融的境地，這個宏願幾乎遙不可達，如同地藏王菩薩說的：「地獄不空誓不成佛」般，但如果每一個人都從自身做起，似乎也就沒那麼難了。

一般人總會因爲長久以來的道聽途說，喜歡把神明所賜之財分爲正財和偏財，行正道的神祇是根據你的個人功德、祖德積累而決定要不要發放財報，並不是把財分爲正財和偏財。

正財是指你辛苦奮鬥所得，不劫人財富以利一己只私，每分錢都賺得心安理得；偏財是指中樂透彩劵之類的，非憑自己勞力所得但也並未欺壓誆騙他人所得之財。若是把偏財視爲黃賭毒之類的行業則是大錯特錯，別羨慕那些從事非法所得財物的人，他們的富貴只是一時，而遺留下來的禍害則是非常人所能想像。

小時候鄰居有一户有錢人家，據說是開賭場妓院的，因爲他們平日身居高牆大院，與我們甚少往來，確實是做什麼的也沒人可以確認。

主人夫妻都是六十多歲的人，育有兩子三女，小孩都在外地工作，回家探望都是開著豪華大車光鮮亮麗，在我們小老百姓的眼中自然是錦衣玉食的富貴人家。

有一次夜深，他家傳來吵架的聲音，在寧靜的長夜顯得特別刺耳，聲音尖銳但聽不清楚爲了何事吵架，隔天住得較近的鄰居說，原來這户人家的二兒子早在幾年前便因酒醉駕車離世，昨天夜裡是因爲大兒子回家提議分家產，其實就是希望老人家把家產過户到他名下，因爲二兒子已過世，三個姊妹已出嫁，大兒子想在北部置產，因此藉故回家找老人要錢。

此事不知因爲何故讓三姊妹知道了，便不約而同返家，一言不合便吵起來了，而且越吵越大聲，驚動了鄰居豎耳貼牆傾聽。

鄰居說著也嘆了口氣，原來這户人家的男主人已經洗腎十多年了，去年又發現患有肝癌，想必是兒女們料想老父親離大去之期不遠，於是各自盤算回家與父親計較利益。

沒多久男主人就離世了，隔年妻子也因病緊隨其後，但隨之而來的災難卻似屋漏偏逢連夜雨般襲來，首先是大兒子原先在一所高中當教師，因被自己的妻子舉報師生戀而遭免職，夫妻離婚後前妻帶著兩個小孩回娘家，聽說沒幾年又帶著小孩改嫁他人。

三個女兒一個精神異常，一個婚變，一個成爲某議員的小三，爲何一家五個小孩，各個命運多舛不得善終？原因當然有很多種，但鄰居老人彷彿警世般的說，是男主人年輕時開賭場、妓院所遭受的報應，不但自己老了不得善終，也連累了子女各個走上窮途末路。

財是養命之物人人都喜愛，但若是非法、非德所得，最後不但怎麼來怎麼去，還要拖累三代子孫難以翻身。

引導神何時賜財

一生之中能得到引導神庇佑的財富至少有下列幾項：

1 救急不救窮時：

當遇有無法解決的困頓時，我們或者將之視爲福報用盡，此時引導神可代爲尋找過去世中可用的福報，接引回來供現在的你解決燃眉之急。

2 賜予功德轉爲財富：

引導神端坐廟堂，接受眾善信請託祈福解厄累積了諸多功德，若你時常誠心膜拜，與祂心靈感應有成，遇有困難時向祂祈求，通常都能夠獲許慷慨解囊度過難關。但可別平時不燒香臨時抱佛腳，每月一或二次前往廟宇請安膜拜，逐漸培養彼此間的情感是很重要的關鍵，也不要等到寸步難行時才去拿香祈求，在平常日子不間斷的膜拜，祂定能持續性的庇佑你助你累積財富。

通常神尊發放功德的時間點，一年中有三次，第一次在過年開春之後，第二次在神尊壽誕之時，第三次在年末冬至之際，有關祈法和拜法請參考其它著作，在此不再贅述。

3 神尊通家祖，要學會敬畏天地：

上輕升者爲陽氣，爲天，爲神明，下濁降者爲陰氣，爲地，爲祖先，人居間爲陰陽合體之氣，因此可下稟地氣上承陽氣，祖先有事待處理解決，受限於陰陽兩隔，必須透過子孫代爲向神明（陽）祈求，若神明答應處理，祖先可被拔脫超薦，祖先一旦獲得解脫便可將他的功德還賜子孫，特別是幫他向神明祈求的子孫，按照循環來說便是你求神解脫祖先的祖業，祖先還原了他的能力幫助你發家致富光耀門庭。

引導神其實是本書所列的財神中最重要的，不只憑藉祂的能力貫通與你切身關係的祖先、地基主、太歲，調和陰陽之力一起來幫助你，若你想到別的財神廟祈求賜福，你的引導神也勢必跟著你到各廟宇，俗話說不看僧面看佛面，財神也會看在引導神和家祖的份上，當你前來祈求時多庇佑你一些。

引導神是很玄的聖靈存在，關鍵在於你是否和祂建立起深厚的情誼，我的客户中有一對施姓夫妻，原先他們是來求母親病體康復，每次都是施太太拿香，施先生始終不發一語在旁休息刷手機，等拜好了一起跟我說謝謝便離去，我也視爲平常不疑有他。

有天這對夫妻又來了，施先生開口說他是做金融投資的，最近手上有個大項目，但他運籌帷幄了近一年，這項目像是唾手可得又像遠在天邊，他問我是否可請神明幫忙，我說只要他向神明擲筊應允，我便可以幫他辦理，但這時他面有難色的說，他是馬來西亞人，從小不拿香都是向眞主阿拉祈禱，如果拿香感覺好像背叛他的宗教。

我跟他說既然他有這層顧慮，不妨回去向眞主祈禱，看是否能向中國神明祈求，這件事就這麼不了了之了。

但隔一週之後他們又來辦母親的事情，才入廟施先生便說那天他回去之後，眞的向眞主阿拉祈禱請示，那晚睡覺後他夢見一團金光在他身旁，一刹那間地點突然轉換爲一間廟宇，他發現他跪在神尊面前，而那團金光竟然與神尊合而爲一，他高興的對我說，他現在終於明白聖靈是不分國籍宗教的，是人們硬把聖靈區分以爲各個團體把持。

之後他欣然的奉香請示，連續三聖筊獲得應允，我便逐一請示神明要如何幫助他，他也同意遵照辦理，他說的那件大項目不到一個月便拍案底定。

還有一位馬先生因罹患腸癌來求神，因他人在台灣，便由我在上海幫他辦理，有次他帶了他妹妹來一窺究竟，一到廟裡才發現他妹妹原來是出家多年的比丘尼，席間我們聊了彼此的宗教觀，以及我自成一格的引導神膜拜法，後來比丘尼似乎很有興趣，也說她想用我的方式拜神，我一樣要她擲筊請示，起身之後她跟我說，她拜佛數十年，已經練有一些通靈能力，在跪拜請示時，她看見她的本尊佛自門外飄然入內，與廟內諸神同列在案，讓她心中不禁暗暗稱奇。

誠心信奉一尊引導神，不僅是內心的皈依，也是修行最好的方式之一，祂幫助你解決前世因果，爲你今世帶來成就，並且爲你的來世善果種下善因，祂是財神也是不可思議的引導神。

附錄：送窮神拜拜步驟

如果把各個宗教的財神、福神、祿神全部加總起來，其數量很有可能超過全世界人口的總和，相比之下，窮神、貧神、賤神就少得可憐。深究其原因，不外是人們多喜財富壽貴，因此憑其意志衍生諸多喜福神；而人們厭惡窮貧賤夭，因此肯奉祀祈求者乏善可陳。但是放眼看看眞實世界，人們忙於跪拜祈求財神降臨，而眞正大富大貴者卻寥寥可數，反倒是貧窮人口遠遠超過世界總人口數的百分之八十以上，以此來說，可見得喜神、財神即使大家伏撲相請，祂也不見得樂於走進每個人的家中，反倒是窮神不請自來，在家中安坐誓與主人榮辱與共絕不離去。

很多年前（那時個人運勢百廢待舉），有一次過年時夢見媽媽拿著一尊神像準備丟棄，我在夢中問媽媽爲何要把神像丟掉，媽媽說，這尊窮神在咱家已經待了十二年，現在時間到了要把祂送走。夢中的我驚思原來這世間還有窮神在人家中神不知鬼不覺地待著，莫怪乎我這些年來命運多舛時運不濟。於是我便幫著媽媽準備送窮神的事宜，等全部辦好剛好從夢中醒來，醒來後對這夢頗覺好笑，但又覺得似乎煞有其事歷歷在目，於是覺得不妨姑且一試，依夢中所見試辦送窮神，結果慢慢感覺漸入佳境，因此也將此「祕寶」提供出來以饗讀者。

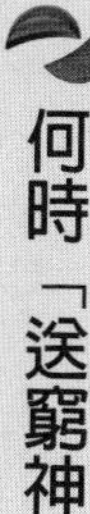

何時「送窮神」

送窮神的時間不拘，如果可以在農曆的十二月廿四日（送神日）做更好。

準備物品

送窮神所需準備的「四品禮物」非常簡單「隆重」，如下：

- 一份紙畫的三牲祭品，以及一張寫好的送窮神稟文。
- 紙錢的部分，準備一支刈金和一支甲馬即可。

送窮神稟文內容（以Ａ４黃紙書寫）

窮神閣下鈞鑒：

閣下在我家中盤桓數年不去，害我家運不濟行事狼狽，命運乖張事與願違，我所做諸多努力全因閣下閑適散逸而導致徒勞無功，而今我家米櫃漸空存款日減，失業在即舉家哀愁，惶惶度日不知何時以終。

嘆此原因全怪我不事功德不積福報，導致福神不入窮神閣下不請自來，閣下慵懶致我財運不濟，閣下性髒致我沉淪，閣下乖戾致我人事不和、閣下猥瑣致我機運不展、閣下……唉！

唉！罄竹難書矣！而今我已江河日下皆因窮神閣下不事生產不佑人福所致，閣下雖貴為神格但其性卑劣讓人不忍卒睹，但貧窮一事也不能全怪閣下，皆因我與閣下業力糾纏所致。

如今我彷若醉酒方醒，頓覺窮神閣下不應再流連寒舍，業我家今日景況實是窮神閣下任務完成，故而今日準備圖紙三牲酒品，恭送窮神閣下速離我家，往今且後切莫再來，我家今已無資糧可宴請閣下，所幸尚有紙筆，故而急急畫上魚肉雞、三杯清酒香三支，萬分誠意求您無論如何莫再入我家，山高水長天圓地方，窮神閣下急急速去天之涯地之角，從今往後不復憶念各安本位，果能如此實乃我家門之大慶，千求萬託拜請窮神莫再來，今日相送從此永隔，三牲酒品聊表吋心，求窮神閣下切莫嫌棄，若是遲遲不肯去莫怪我鹽米摔之化窮氣。

今日相送再乞來刈金一支贈予閣下當路費，甲馬奉請五路兵將來押送，窮神送往天涯一隅，此後我將洗心革面勤奮向上，尊天崇地孝親敬祖，行功造德累善積福，千方萬計以報窮神速離之恩，並憑此心志奉　天地神明鑒納，昭炯之心青天可見，窮神閣下速速離去莫再回頭，我家陰霾盡掃招富納祥，行善積德永拒窮神莫入。

般般祝禱切切期盼，良辰吉日送窮神，奉請天地神明垂鑒，急急如律令。

最後，於家門口祭拜後，連同稟文、圖紙三牲、紙錢一併燒化即可。

國家圖書館出版品預行編目資料

這樣拜財神才有效 / 王品豊著. -- 初版 .-- 臺北市：春光出版：家庭傳媒城邦分公司發行, 民109.06
面； 公分
ISBN 978-957-9439-99-2（命理開運；平裝）

1.財神 2.民間信仰

272.29　　109007442

這樣拜財神才有效

作　　者 / 王品豊
企劃選書人 / 王雪莉
責 任 編 輯 / 王雪莉
內 文 編 輯 / 劉毓玫

版權行政暨數位業務專員 / 陳玉鈴
資深版權專員 / 許儀盈
行 銷 企 劃 / 陳姿億
行銷業務經理 / 李振東
副 總 編 輯 / 王雪莉
發　行　人 / 何飛鵬
法 律 顧 問 / 元禾法律事務所　王子文律師
出　　版 / 春光出版
台北市104中山區民生東路二段 141 號 8 樓
電話：(02) 2500-7008　傳眞：(02) 2502-7676
部落格：http://stareast.pixnet.com/blog
E-mail：stareast_service@cite.com.t
發　　行 / 英屬蓋曼群島商家庭傳媒股份有限公司城邦分公司
台北市中山區民生東路二段 141 號11 樓
書虫客服服務專線：(02) 2500-7718・(02) 2500-7719
24小時傳眞服務：(02) 2500-1990・(02) 2500-1991
服務時間：週一至週五9:30～12:00・13:30～17:00
郵撥帳號：19863813　戶名：書虫股份有限公司
讀者服務信箱E-mail: service@readingclub.com.tw
歡迎光臨城邦讀書花園　網址：www.cite.com.tw
香港發行所 / 城邦（香港）出版集團有限公司
香港灣仔駱克道 193 號東超商業中心 1 樓
電話：(852) 2508-6231　傳眞：(852) 2578-9337
E-mail : hkcite@biznetvigator.com
馬新發行所 / 城邦（馬新）出版集團【Cite(M)Sdn. Bhd.(458372U)】
41, Jalan Radin Anum, Bandar Baru Sri Petaling,
57000 Kuala Lumpur, Malaysia.
電話：(603) 90578822 傳眞：(603)90576622 E-mail：cite@cite.com.my.

封 面 設 計 / 鍾瑩芳
內 頁 排 版 / 游淑萍
印　　刷 / 高典印刷有限公司

■ 2020 年（民 109）6 月 2 日初版
■ 2023 年（民 112）6 月 1 日初版1.5刷

城邦讀書花園
www.cite.com.tw

售價 / 330元

ISBN　978-957-9439-99-2

廣　告　回　函
北區郵政管理登記證
台北廣字第000791號
郵資已付，免貼郵票

104台北市民生東路二段141號11樓

英屬蓋曼群島商家庭傳媒股份有限公司
城邦分公司

請沿虛線對折，謝謝！

遇見春光・生命從此神采飛揚

春光出版

書號： OC0083　　書名： 這樣拜財神才有效

請於此處用膠水黏貼

讀者回函卡

謝謝您購買我們出版的書籍！請費心填寫此回函卡，我們將不定期寄上城邦集團最新的出版訊息。

姓名：＿＿＿＿＿＿＿＿＿＿＿＿

性別：□男　□女

生日：西元＿＿＿＿年＿＿＿＿月＿＿＿＿日

地址：＿＿＿＿＿＿＿＿＿＿＿＿

聯絡電話：＿＿＿＿＿＿＿＿ 傳真：＿＿＿＿＿＿＿＿

E-mail：＿＿＿＿＿＿＿＿＿＿＿＿

職業：□1.學生 □2.軍公教 □3.服務 □4.金融 □5.製造 □6.資訊
□7.傳播 □8.自由業 □9.農漁牧 □10.家管 □11.退休
□12.其他＿＿＿＿＿＿＿＿

您從何種方式得知本書消息？
□1.書店 □2.網路 □3.報紙 □4.雜誌 □5.廣播 □6.電視
□7.親友推薦 □8.其他＿＿＿＿＿＿＿＿

您通常以何種方式購書？
□1.書店 □2.網路 □3.傳真訂購 □4.郵局劃撥 □5.其他＿＿＿＿

您喜歡閱讀哪些類別的書籍？
□1.財經商業 □2.自然科學 □3.歷史 □4.法律 □5.文學
□6.休閒旅遊 □7.小說 □8.人物傳記 □9.生活、勵志
□10.其他＿＿＿＿＿＿＿＿

請於此處用膠水黏貼